77
Prager Legenden

77
Prager Legenden

ALENA JEŽKOVÁ

PRÁH

ISBN 80-7252-140-3

Inhalt

JOSEFSSTADT - JUDENSTADT

NEUSTADT

VYSCHEHRAD

Altstadt

ALTSTADT

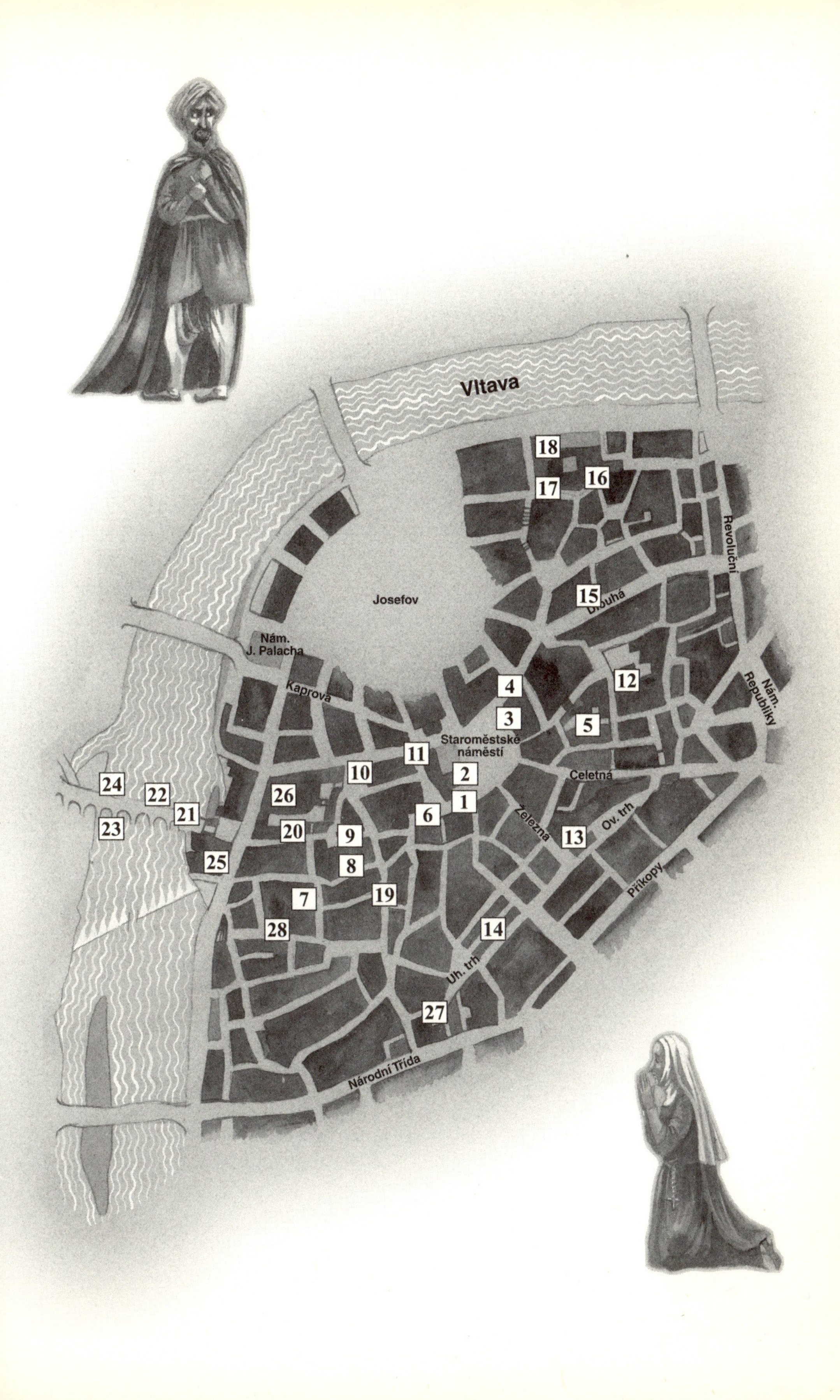

Vltava
Josefov
Nám.
J. Palacha
Kaprova
Staroměstské
náměstí
Dlouhá
Revoluční
Nám.
Republiky
Celetná
Železná
Ov. trh
Příkopy
Uh. trh
Národní Třída
18
17
16
15
12
4
3
5
11
10
2
1
6
24
22
26
21
23
20
9
25
8
13
7
19
28
14
27

Die Altstädter Turmuhr

Staroměstská radnice – Altstädter Rathaus, Staroměstské náměstí – Altstädter Ring 3

An der Südseite des Rathausturms zeigt die Altstädter Turmuhr schon beinahe sechshundert Jahre lang die Zeit an. Die erste recht einfache Turmuhr konstruierte Nikolaus von Kaaden (Mikuláš z Kadaně) vor dem Jahre 1410. Ende des 15. Jahrhunderts veränderte und vervollkommnte sie der Meister Johann von der Rose (Hanuš z Růže) so, dass sie in ganz Europa ein einzigartiges Werk darstellte, das seinesgleichen suchte. Die Altstädter Ratsherren waren stolz auf die Turmuhr, so wie es sich gehörte. Doch dann begann sich die Mär zu verbreiten, dass der Meister Johann von anderswo Angebote erhalten würde und der Meister bis in die Nacht in seiner Stube säße, um zu rechnen und zu zeichnen. Was könnte das anderes bedeuten als eine noch bessere Turmuhr, die für eine fremde Stadt bestimmt war? Wo bliebe da der Ruhm der Altstädter Turmuhr? Und so begannen die Ratsherren, sich den Kopf zu zerbrechen, wie sie es anstellen sollten, dass der Meister Johann für niemanden mehr eine weitere Turmuhr konstruierte. Sie dachten lange nach, doch Geld, eine schriftliche Verpflichtung oder ein Schwur erschienen nicht sicher genug. Bis einer der Ratsherren, ein grausamer Mensch mit einem harten Herz, mit einer Idee kam, die sie anfangs alle bestürzte. Sein Plan war grauenhaft, allmählich sahen die Ratsherren jedoch einer nach dem anderen ein, dass nur so die Prager Turmuhr für immer einzigartig bleiben werde.

Eines Abends saß Meister Johann in seiner Behausung über Plänen und Zeichnungen. Es war schon spät, der Gehilfe und die Haushälterin waren schon lange nach Haus gegangen und so war der Meister allein im Haus. Draußen begann es zu regnen, doch in der Stube war es gemütlich und warm. Das flackernde Licht zeichnete an den Wänden sonderbare Figuren, im Kamin brannte das Feuer und in die Stille hinein knisterten manchmal Buchenscheite. Meister Johann beugte sich über die Pergamente mit winzigen Zahlenreihen, mit Aufstellungen und komplizierten Zeichnungen. Manchmal hob er sein ergrautes Haupt, überlegte, fügte nach einer Weile eine weitere Anmerkung hinzu oder strich die vorhergehenden umdüstert wieder durch. Eben dachte er darüber nach, wie er die Altstädter Uhr verbessern könnte und welche Neuheit oder Einzigartigkeit er noch hinzufügen konnte.

Auf einmal ertönten heftige Schläge an der Haustür und eine Stimme rief:

„Mach auf, wir haben's eilig!"

Der Meister eilte herbei und schob den schweren Riegel zur Seite. Im Rechteck des Dunkels erblickte er drei mächtige vermummte Gestalten, sie stürzten sich auf ihn und schleppten ihn in die Stube. Dort verstopften sie ihm den Mund, zwei hielten ihn, während der Dritte seinen Dolch beim Kamin in den Flammen bis zur Rotglut erhitzte. Meister Johann konnte sich vorstellen, was sie tun gedachten, mit letzter Kraft stieß er einen Schrei aus, doch dann fiel er vor Schreck in Ohnmacht. Er erwachte mit unsäglichen Schmerzen, erkannte, dass er auf seinem Bett lag, hörte die Stimme des Gehilfen und das Wehklagen der Haushälterin, doch er schaute in völlige Dunkelheit. Er war erblindet.

Lange lag Meister Johann krank, redete irre im Fieber und fiel für ganze Tage in ohnmächtigen Schlaf. Als es ihm ein wenig besser ging, saß er in der Stube und bemühte sich darauf zu kommen, wer ihm so etwas Furchtbares hatte antun können und warum. Bis der Gehilfe einmal aus dem Rathaus zurückkehrte, in das er immer ging, um die Turmuhr zu reinigen und in Gang zu halten, und ihm erzählte, was er aus einem Gespräch zweier Ratsherren vernommen hatte: sie drückten ihre Befriedigung darüber aus, ein gutes Werk vollbracht zu haben und nun sei es angeblich schon mehr als sicher, dass Meister Johann keine weitere Uhr mehr konstruieren würde.

Und so erkannte der Meister, wer der Urheber seiner Erblindung war. Er verspürte keinen Schmerz mehr, nur eine abgrundtiefe Bitterkeit und Wehmut darüber, welchen Lohn er für sein einzigartiges Werk bekommen hatte. Nach der Bitterkeit kamen Wut und Sehnsucht nach Rache auf, aus denen ein Plan der Vergeltung hervorging. Er schüttete dem Gehilfen sein Herz aus und sagte, dass er gerne aufs Rathaus gehen würde, um seine geliebte Maschine wenigstens mit den Fingern zu berühren, um sich an der Schönheit ihrer Bestandteile, ihrem Geklapper und Ticken zu ergötzen. Der Gehilfe entsprach dem Wunsch des Meisters gern.

Als sie vor der Maschine standen, berührte der Meister mit seinen Fingern sanft ihre Teile, hörte die ihm bekannten Töne ihres Gangs, mit den Handflächen streichelte er das Eisen und das Holz. Sein Gesicht erhellte sich, aus den erloschenen Augen stürzten Tränen. Im Geist sah er den komplizierten Mechanismus vor sich, ein Teil schmiegte sich an das andere und er konnte auch winzige Details auseinander halten. Plötzlich griff er erfahren in die Maschine, zog mit aller Kraft einen Hebel an, der zerbarst und die Maschine begann zu quietschen und zu poltern, bis sich ihre Töne in eine Unheil verkündende Stille zerstreuten. Plötzlich blieb das Herz des Meisters stehen und er fiel tot um.

Die Turmuhr war völlig zerstört. Sie blieb angeblich so für lange Jahre, bis sich einer fand, dem es gelang, sie zu reparieren. Ihr grauenvolles Schweigen jedoch erinnerte die Ratsherren noch für lange Zeit an ihre schreckliche Tat.

Die siebenundzwanzig hingerichteten böhmischen Landsherren

Staroměstské náměstí – Altstädter Ring

Siebenundzwanzig weiße Kreuze im Pflaster des Altstädter Rings erinnern an eine der traurigsten Ereignisse der böhmischen Geschichte. Am 21. Juni 1621 fand an diesem Ort die Hinrichtung der böhmischen Landsherren statt, die sich als Anführer des Ständeaufstands der Herrschaft Ferdinands II. widersetzten. Durch die Hand des Prager Henkers Mydlář wurden damals zehn Adelige, fünfzehn Prager Bürger und zwei Bürger aus Kuttenberg (Kutná Hora) und Saaz (Žatec) hingerichtet. Die hingerichteten böhmischen Landsherren gehörten zu den führenden Adligen des Landes. Unter ihnen war der vierundsiebzigjährige Gebildete und Schriftsteller Wenzel Budova von Budov (Václav Budovec z Budova), der Forschungsreisende Christoph Harant von Polschitz und Weseritz (Kryštof Harant z Polžic) und auch der berühmte Arzt und Professor der Karlsuniversität Jan Jessenius, der in Prag die erste öffentliche Leichenöffnung vorgenommen hatte. Das betrübliche und bedrohliche Theater dauerte von der fünften Morgenstunde bis um ein Uhr nachmittags. Die Köpfe von zwölf Hingerichteten wurden daraufhin zur Abschreckung in Eisenkörben auf dem Wandelgang des Altstädter Brückenturms ausgehängt, sechs zur Altstädter Seite gewandt und sechs zur Klein-

seitner. Als sie nach zehn Jahren herunter genommen werden durften, bestatteten Verwandte und Freunde sie an einem unbekannten Ort. Man sagt, dass sie in den Mauern der Teynkirche verborgen sind oder vielleicht in der Altstädter Salvator-Kirche. Alljährlich kommen die Geister der Hingerichteten angeblich am Tag ihres Todes, dem 21. Juni, um Mitternacht zur Turmuhr und verfolgen ihren Gang. Wenn sie genau geht, sind sie zufrieden, dass es dem böhmischen Land gut geht. Wenn die Turmuhr nicht geht, kehren sie zum Ort ihrer ewigen Ruhe entmutigt und traurig zurück.

Die Glocke am Turm der Teynkirche

Chrám Panny Marie před Týnem – Kathedrale der Jungfrau Maria vor dem Teyn, Staroměstské náměstí – Altstädter Ring

Einst wohnte eine reiche, aber böse Adlige in der Altstadt. Sie plagte die Dienerschaft so, dass es niemand länger bei ihr aushielt. Einmal trat ein freundliches und stilles Mädchen vom Land den Dienst bei ihr an. Sie bemühte sich, der Herrin in allem nachzukommen, aber das half ihr nicht im Geringsten, sie erntete Beleidigungen und Schläge ebenso wie die übrigen. Eines Abends rüstete sich die Adlige zum Ausgehen und die Dienerin half ihr beim Anziehen. In diesem Moment ertönte die Glocke am Turm der Teynkirche, die zum Abendgebet rief. Als das Mädchen das Läuten der Glocke vernahm, ließ sie davon ab, ihre

Herrin anzukleiden, kniete nieder und begann zu beten, wie sie es von Hause aus gewohnt war. Die Herrin geriet in Wut.

„Ich bezahle dich fürs Arbeiten und nicht fürs Beten, du faules Biest!“ schrie sie und stürzte sie sich außer sich vor Wut auf das armselige Mädchen. Mit beiden Armen packte sie es an der Kehle, würgte es und schrie so lange, bis sie spürte, dass sie einen reglosen Körper in den Armen hielt. Erst dann fasste sie sich wieder. Sie rief rasch die Dienerschaft um Hilfe, doch vergeblich. Sie konnte das Mädchen nicht wieder aufwecken.

Die Frau kam vor Gericht, doch da sie reich war, konnte sie den Richter bestechen und kam ungestraft davon. Sie dachte, dass man ihre Tat bald vergessen und sie dann sorglos wie früher leben würde. Doch jedes Mal, wenn sie das Läuten der Teynkirche hörte, entsann sie sich ihrer schrecklichen Tat. Schließlich quälte sie ihr schlechtes Gewissen so unerträglich, dass sie all ihr Vermögen den Armen schenkte und ins Kloster eintrat. Vorher ließ sie noch eine kleine Glocke gießen und im Turm der Teynkathedrale aufhängen, damit sie zum Gedenken an das tote Mädchen läute.

Das Kinsky-Palais

Palác Kinských – Kinsky-Palais, Staroměstské náměstí – Altstädter Ring 11

Das schöne Rokoko-Palais Kinsky auf dem Altstädter Ring wurde im 18. Jahrhundert durch die Baumeister Kilian Ignatz Dientzenhofer und Anselm Lurago für den Grafen Goltz errichtet, später ging es in

das Eigentum der Grafen Kinský über. Das Palais ist von seiner Gestalt her auffällig, so als trete es aus der Reihe der umliegenden Häuser auf den Platz, um seine Einzigartigkeit zu betonen.

Man erzählt, dass der Baumeister dem Grafen Goltz erste Zeichnungen des Palais vorlegte. Er zeigte ihm auch, wie das Palais hervorragen würde, wenn es geschickt aus der Häuserreihe herausträte. Der Graf war von der Idee begeistert. Zugleich wusste er aber, dass es sehr schwierig sein würde, so etwas in die Wege zu leiten. Zuerst ersuchte er die Prager Ratsherren um Erlaubnis, auf dem Platz ein Palais zu errichten. Diese wollten jedoch von einer solchen Vermessenheit nichts wissen. Er traf sich heimlich mit dreien von ihnen, deren Geldgier bekannt war. Eine Zeitlang schmeichelte er ihnen, eine Zeitlang überredete er sie und als er Ihnen noch eine große Summe Geld zusteckte, bekam er ihre Erlaubnis. Dem gewieften Grafen war jedoch klar, dass er noch nicht gewonnen hatte. Er ließ um die Baustelle einen hohen Zaun errichten, damit man nicht sehen konnte, wo genau die Fundamente des Gebäudes gelegt wurden. Daher wusste lange Zeit niemand, dass mit dem Bau des Grafenpalais etwas nicht stimmte. Als dann die Mauern des Palais über den Zaun hinaus wuchsen, war es zu spät, um etwas zu ändern. Die entrüsteten Ratsherren ließen den Grafen sogleich auf das Rathaus rufen. Sie forderten eine Erklärung und den umgehenden Abriss des Baus. Der Graf setzte jedoch eine unschuldsvolle Miene auf und zeigte - die Erlaubnis. Drei der Ratsherren wurden augenblicklich kreidebleich. Der Graf verriet noch bereitwillig, wer ihm die Erlaubnis erteilt hatte und wie viel Geld er dafür hatte zahlen müssen. Ein Sturm der Entrüstung brach los, bis die drei ehrlosen Ratsherren am Galgen endeten. Und das Palais? Es steht bis heute an seinem angestammten Ort.

Der Türke vom Ungelt

Týnský dvůr - Teynhof

Der Ungelt oder Teynhof, wie er genannt wird, diente lange Zeit als königliches Zollhaus. Kaufleute aus fernen Ländern boten hier ihre Ware an, hier übernachteten sie auch und trafen sich in den Schenken und Kneipen.

Einer der ansässigen Wirte hatte eine sehr schöne Tochter. Sie hatte jedoch ein Herz aus Stein, kein Verehrer war ihr gut genug. Bis einmal türkische Kaufleute kamen. Unter ihnen war ein junger Türke mit finsteren Augen, und als sich die zwei zum ersten Mal sahen, entbrannte zwischen ihnen eine leidenschaftliche Liebe. Es vergingen Tage und Wochen, in denen sich das Liebespaar abends heimlich traf und sich versicherte, einander nie mehr zu verlassen. Dann kam die Zeit, in der die Türken auf die Rückkehr in ihr Heimatland sannen. Der junge Türke versprach zurückzukehren, das Mädchen wiederum, auf ihn zu warten.

Als die Kaufleute weggingen, ging die Tochter des Wirts wie ein Körper ohne Geist umher. Sie quälte und grämte sich monatelang, war doch der Liebste noch immer nicht zurückgekehrt. Dafür machte ein anderer ihr den Hof, ein Junge aus der Nachbarschaft. Er verfolgte sie auf Schritt und Tritt, schrieb ihr Gedichte und schickte ihr Blumen. Es geschah, was geschehen musste - anfangs lehnte das Mädchen ihn ab, aber als der Türke nicht zurückkehrte, verliebte sie sich in den Jüngling und willigte in die Heirat ein.

Das Schicksal wollte es, dass der Türke im Teynhof eben an dem Tag auftauchte, an dem der Wirt seine Tochter verheiratete. Kaum

hatte der Türke seine Liebste im Brautkleid erblickt, ergraute sein bräunliches Gesicht. Als die Braut ihn unter den Hochzeitsgästen entdeckte, erschrak sie zu Tode. Vor den Hochzeitsgästen ließ sie sich jedoch nichts anmerken. Als es dämmerte und die Feier in vollem Gange war, drückte der Türke der Braut eine Botschaft in die Hand, in der geschrieben stand, sie solle für eine kleine Weile an den Ort ihrer geheimen Treffen kommen, da er sich von ihr verabschieden wolle. Der Braut tat der Türke Leid und so entfernte sie sich unbemerkt vom Hochzeitsmahl und eilte in die Dunkelheit. Von diesem Augenblick an ward sie von niemandem mehr gesehen. Überall hielt man nach ihr Ausschau und suchte sie, selbst ihren Tod zog man in Erwägung, der Türke jedoch war nicht in Verdacht - wusste doch niemand von ihrer Liebe und selbst wenn - der Türke war längst in sein Land zurückgekehrt.

So vergingen einige Jahre. Bis eines Tages ein Nachbarsmädchen entsetzt aus einem Keller eilte und erzählte, dort liege unter einem Holzhaufen ein menschliches Haupt. Nach den langen blonden Zöpfen erkannten die unglücklichen Eltern und auch der Bräutigam, dass es der Kopf ihrer verlorenen Tochter und Braut war. Im Keller fanden sie schließlich auch den Rest des Leibs, verscharrt und noch immer im Hochzeitsgewand. Zeit seines Lebens ließ die Vergeltung der Untat auf sich warten, erst nach seinem Tod fand der Mörder angeblich keine Ruhe mehr. Und so wandelt der Geist des jungen Türken des Nachts durch den Ungelt. Und manchmal trägt er den Mädchenkopf an den blonden Zöpfen.

Die drei Schwestern

Malé náměstí – Kleiner Ring 3

Das Haus Zu den drei weißen Rosen am Kleinen Ring ist in seiner heutigen Gestalt - mit der durch Malereien von Mikoláš Aleš dekorierten Stirnseite - eher unter dem Namen „Zum Rott“ bekannt, wie die gleichnamige Eisenwarenhandlung, die sich im selben Haus vor einiger Zeit befand. In seinem Schild sind drei Rosen als Erinnerung an eine Sage gemalt, die dem Haus seinen Namen gab.

Einstmals lebten im Haus drei Mädchen, schön und unschuldig wie weiße Rosen. Ihre Eltern verstarben jedoch frühzeitig und die Schwestern erbten große Reichtümer. Sie konnten mit ihnen jedoch nicht vernünftig umgehen, bald wurden sie hochmütig und dumm. Von früh bis spät saßen sie vor dem Spiegel, kämmten sich ihre Haare, probierten Kleider und Schmuck und fabulierten über Jünglinge und Heiraten. Alle hatten sie einen gemeinsamen Traum, dass eine jede ein reicher und edler Bräutigam holen und sie auf sein Schloss in ein fremdes Land mitnehmen werde. Und es geschah tatsächlich, dass eines Tages unter den Bewerbern ein stattlicher fremder Prinz erschien und begann, der ältesten Schwester den Hof zu machen. Er erzählte ihr so lange von schönen Palästen am Meer, von diamantenem Schmuck und Festlichkeiten, bis die verzauberte Schöne einwilligte, ihm zu folgen. So packte sie ihre Kleider und Schmuckstücke in schwere Truhen, die Schwestern zahlten ihren Anteil in Goldstücken aus und sie fuhr mit ihrem Brautwerber davon. Die anderen Schwestern trauerten ihr nicht lange nach. In kurzer Zeit erweiterte sich die Schar ihrer Verehrer um ein neues Gesicht. Ein hübscher und wohlhabender Fürst aus

einem fernen Land begann, um die Gunst der mittleren Schwester zu buhlen. Er sandte ihr Körbe voller Blumen, teure Ringe und Halsketten. Nach ein paar Wochen nahm er sie mit, samt ihrem ganzen Vermögen auf ein Schloss in seinem Fürstentum. Und so blieb die jüngste Schwester allein, doch sie sollte nicht lange warten: ein junger englischer Adliger, der zum Handel nach Prag kam, hatte Augen nur für sie. Er erzählte ihr von seinem Herrschaftssitz mit einem großen Park und Gärten, davon, wie sie Herrin auf seinem Schloss werden würde, einem Schloss inmitten eines Meeres. Welches Mädchen hätte einer solchen Versuchung widerstehen können? Die Jüngste packte das verbliebene Vermögen ein, auch sie lud ihre schweren Truhen auf den Wagen und der Kutscher knallte mit der Peitsche auf die Pferde. Das Haus am Kleinen Ring verwaiste.

Von den Schwestern hörte man lange Jahre nichts. Bis einmal ein fahrender Geselle nach Prag kam und erzählte, was er erfahren hatte. Von wegen drei reiche Bräutigame für drei stolze Schwestern! Es war nur ein Betrüger, der nach ihrem Reichtum verlangte. Eine nach der anderen holte er in die Fremde, wo er sie beraubte und alle drei in Not und Elend zurückließ. Eine nach der anderen erkrankte und starb. Man sagt, Hochmut komme vor dem Fall und die Liebe mache blind und trübe den Verstand. Schade um die drei Schwestern, die davon nicht wussten.

Der kopflose Templer

Liliová – Liliengasse

In der Altstädter Liliengasse erscheint stets um Mitternacht ein kopfloser Mann auf einem stattlichen weißen Pferd, dem aus den Nüstern feurige Funken sprühen. Der Reiter trägt einen weißen Mantel mit einem roten Kreuz, demzufolge er der Geist eines Mönchs des Templerordens aus dem einstigen Templerkloster der Heiligen Anna ist. Mit einer Hand klammert er sich an sein ungestümes Pferd, in der anderen schwingt er seinen abgeschlagenen Kopf. Für ein Vergehen wurde er zu Lebzeiten enthauptet und kurz vor seinem Tod hatte er sich vom christlichen Glauben abgewandt. Deshalb ereilte ihn ein Fluch und nun harrt er seiner Befreiung. Doch befreien kann ihn nur ein furchtloser Jüngling, der das Pferd am Zügel fasst, dem Ritter sein Schwert entreißt und ihm sein Herz damit durchstößt. Bislang hat sich ein solcher Jüngling anscheinend noch nicht gefunden.

Die drei Wilden

Řetězová – Kettengasse 7

In der Altstädter Kettengasse steht ein Haus, an dessen Fassade zwei Wilde aufgemalt sind. Früher waren es drei, doch der Zahn der Zeit radierte das Bild des Dritten vom Putz. Über die Wilden, die dem Haus seinen Namen gaben, wird eine lustige Sage erzählt. Einstmals im 18. Jahrhundert kam einmal ein Fremder nach Prag mit drei Wilden aus dem fernen Amerika, um dem Publikum vorzuführen, wie sie dort lebten. Die Vorstellung war grandios: die rothäutigen Wilden, nur mit Lederschürzen und Federschmuck bekleidet, schwangen wild das Tanzbein, sprangen in die Höhe, kreischten in einer seltsamen Sprache und rissen vor dem entsetzten Publikum sogar Tauben auseinander und aßen das rohe Fleisch. Ganz Prag war von diesem Anblick gepackt und so füllte sich die Kasse des Fremden ohne Ende.

Auch einen Bauer aus Südböhmen, der in Prag etwas zu erledigen hatte, verlangte es danach, die Wilden aus Amerika mit eigenen Augen zu sehen. Er kam, zahlte, setzte sich auf eine Bank und schaute sich die Vorstellung mit weit geöffnetem Mund an. Doch an den drei Wilden kam ihm immer wieder etwas spanisch vor. Bis ihm ein Licht aufging und er in den ganzen Saal rief: „Franz, Alois, Wenzel! Was treibt ihr denn hier?"

Die Wilden erstarrten, setzten ihren Tanz jedoch gleich fort, so als wäre nichts geschehen. Der Bauer aber hatte nicht fehlgeschossen. Er

rief erneut durch den ganzen Saal: „Ihr Leut', ich kenne diese Wilden seit langem. Das sind doch verkleidete Knechte von unserem Hof!"

Als sich diese Nachricht am nächsten Tag herumsprach und das Rathaus begann, sich dafür zu interessieren, war der Fremde mit seinen Wilden schon über alle Berge.

Der feurige Mann

Karlova – Karlsgasse

In einem Haus in der Karlsgasse lebte einst ein alter Wucherer. Er lieh den Menschen Geld, doch die Zinsen waren sehr hoch, so dass kaum jemandem gelang, seine Schuld zu tilgen. Der Wucherer kannte jedoch kein Erbarmen, und nicht wenige arme Kerle verloren wegen ihm das Dach über dem Kopf. Sein Reichtum nahm zu und ebenso auch seine Angst um das Geld: schließlich verkehrte er mit niemandem mehr und wenn er Nachbarn auf der Straße traf, erwiderte er nicht einmal ihren Gruß und eilte rasch davon. Das Licht in seinem Haus brannte bis tief in die Nacht, wenn er die Goldstücke aus seiner Truhe zählte.

Eines Nachts brach in der Karlsgasse ein Feuer aus. Es begann im Haus eben neben dem alten Wucherer zu brennen. Die Nachbarn

aus der Umgebung eilten herbei und begannen das Feuer zu löschen, sie trugen weinende Kinder und Möbel aus den Flammen, halfen zu retten und zu löschen, so gut es ging. Erst als die Flammen das Dach des Hauses ergriffen, rannte der alte Wucherer aus der Tür des Nachbarhauses. Keineswegs jedoch, um den Leuten zu helfen. Die Nachbarn riefen ihm nach, doch er sagte kein Wort und stolperte mit einem schweren Sack über der Schulter in Richtung Moldau. Dort ward er zum letzten Mal gesehen.

Nach einiger Zeit begann in der Karlsgasse sein Geist zu spuken. Um Mitternacht torkelt er mit seiner schweren Last über die Straße und bittet die Vorübergehenden um Hilfe. Man sagt, dass derjenige, der ihm hülfe, den Sack mit Geld aus der Karlsgasse bis zum Altstädter Ring zu tragen, den Geist des unglücklichen Wucherers befreien könnte. Doch wenn ein Vorbeigehender sich erbarmt und näher herantritt, verwandelt sich der Alte in ein feuriges Gerippe mit Augen aus glühenden Kohlestücken, so dass auch der Mutigste von seiner Hilfsbereitschaft absieht und das Weite sucht.

Der eiserne Ritter

Platnéřská – Plattnergasse

In der Altstädter Plattnergasse stand einst ein Haus, in dem ein junges Mädchen wohnte. Ihr Liebster war ein heißblütiger Ritter, er hütete seine Liebste wie seinen Augapfel. Als es ihm einmal so schien, dass sie einem anderen hinterher schaute, erstach er sie mit seinem Schwert. Noch bevor das unschuldige Mädchen seinen Geist aushauchte, verfluchte sie ihren Liebhaber, auf dass er sich nach ihrem Tod in Eisen verwandelte und so bleiben müsse, bis sich eine Jungfrau seiner erbarme, doch dies kann im Laufe von hundert Jahren nur in einer einzigen Nacht geschehen.

Es vergingen Jahrzehnte und Jahrhunderte. Immer wieder wechselten die Besitzer und Mieter im Haus und nach einiger Zeit lebte niemand mehr dort, der sich an die Geschichte vom verfluchten Ritter und seiner Liebsten erinnern könnte. Eines Tages zog eine Witwe mit einer anmutigen Tochter in das Haus ein. Die Frau war schlagfertig und furchtlos, die Tochter dagegen das ganze Gegenteil, sanftmütig und still. Abends ging die Mutter früh schlafen, die Tochter saß noch in der Küche beim Schein einer Petroleumlampe und nähte Wäsche. Überall war es still, es war Vollmond und das weiße Licht des Monds schien durch das Fenster. Auf einmal ließ ein kühler Windhauch das Licht der Lampe erzittern. Das Mädchen blickte erschrocken von ihrer Näharbeit auf. Es ertönte ein trauriger Seufzer, Eisen quietschte und im Zimmer erschien eine hohe Gestalt, von oben bis unten bekleidet mit einer altertümlichen Rüstung. Das Visier des Helms war heruntergeklappt, der lange schwarze Mantel wallte herab bis auf die Erde und

mit der rechten Hand hielt er im eisernen Handschuh den Griff seines Schwertes. Dem Mädchen verschlug es die Sprache, sie ließ vom Nähen ab und erzitterte am ganzen Leib. „Erschrick nicht", sagte der Ritter mit rauer Stimme. „Ich bin ein eiserner Ritter und seit meinem Tod muss ich hier spuken, um eine schreckliche Tat abzubüßen, die ich einst begangen habe. Und nur ein Mädchen wie du kann mich befreien. Willst du mir helfen?"

Das Mädchen nickte ihm nur furchtsam zu.

„Du hast ein gütiges Herz", seufzte der Ritter. „Morgen Abend um dieselbe Zeit warte hier auf mich. Ich komme und sage Dir, was Du zu tun hast. Doch sagst du jemandem von unserem Treffen, so werde ich vergeblich auf meine Befreiung warten!" Die Rüstung quietschte, eine frische Brise wehte und der Ritter war auf und davon. Das zu Tode erschrockene Mädchen weckte die Mutter und erzählte unter Schluchzen, was ihr geschehen war. Die Mutter beruhigte die Tochter, brachte sie ins Bett und wartete, bis sie eingeschlafen war. Im Geiste hatte sie bereits beschlossen, anstelle ihrer Tochter selbst zum Treffen mit dem eisernen Mann zu gehen. Am nächsten Tag verschloss sie die Tochter im Zimmer und setzte sich selbst in die Küche. Stunden vergingen, bis es Mitternacht schlug. Mit einem Stoß kalter Luft erschien der eiserne Ritter. Als er die Mutter statt der Tochter erblickte, begriff er, was passiert war. Traurig seufzte er: „Wieder hundert Jahre!" Und verschwand.

Das Haus steht schon lange nicht mehr. An die Sage vom eisernen Ritter aber erinnern die Steinfiguren des Ritters und des Mädchens von Ladislav Šaloun am Gebäude des Prager Magistrats, an der Ecke des Marienplatzes und der Plattnergasse.

Der grüne Frosch

U radnice – Am Rathaus 8

In dem Haus, dessen Hauszeichen ein schöner steinerner Frosch ist, lebte einst der Schneider Ellenlang (Lokýtek) mit seiner Haushälterin, die ihm putzte und kochte. Ellenlang (Lokýtek) war ein guter und geschickter Schneider, doch er hegte eine zu große Leidenschaft für das Gauklerhandwerk. Immer einmal Gaukler, Artisten oder Jongleure nach Prag kamen, war es mehr als sicher, dass sich Ellenlang (Lokýtek) gleich in der erste Reihe der Schaulustigen drängte und mit weit geöffneten Mund ihre Kunststücke, Tricke und Zauber verfolgte. So kam es, dass Ellenlang (Lokýtek) wieder einmal auf dem Marktplatz zuschaute, wie Gaukler ihre Schwerte schluckten und sich einer auf den anderen stellte, wie sie von hoch oben Purzelbäume auf die Erde schossen, auf dem Seil tanzten und Feuer schluckten. Besonders ein Jüngling in grünem Trikot zog Ellenlang (Lokýtek) in seinen Bann. Sein Körper war wie aus Gummi - seine Hände, Füße und den Kopf konnte er so verknoten, dass nicht mehr erkennbar war, wo sein Vorder- und sein Hinterteil nun war.

Einige Tage danach, als die Straßen der Stadt schon verwaist waren und sich die Leute in den Häusern zum Abendessen niederließen, lief die Hauswirtin aus Ellenlangs (Lokýteks) Haus entsetzt heraus.

„Na los, helft mir schon, wo seid ihr denn!“ rief sie, klagte und jammerte, bis die Nachbarn aus den umstehenden Häusern herausgeeilt kamen. Bevor die Stadtwache herzueilte, versammelte sich um Ellenlangs (Lokýteks) Haus ein hübscher Haufen Neugieriger. Die Knappen beruhigten die Haushälterin, doch sie machten Stielaugen, als sie hörten, was sie stockend erzählte:

„Vor dem Abendessen werkelte der Mann an etwas in der Stube. Ich stand gerade am Herd in der Küche und passte auf, dass das Abendessen nicht anbrannte. Auf einmal hörte ich seltsame Geräusche, ein Ächzen und Geschrei aus der Stube. Ich eilte, um zu sehen, ob dem Herrn nicht etwas passiert sei. Und als ich die Tür öffnete - vom Herrn keine Spur und an seiner Statt saß ein riesiger grüner Frosch! Bestimmt hat er den Herrn verschluckt!“

Der tapferste der Knappen ging in das Haus hinein, wachsam die Hellebarde zum Vorstoß bereithaltend. Eine Weile war es still, und dann taumelte der Knappe mit lautem Lachen heraus. Er lachte so, dass er nicht aufhören konnte. Und da erschien auch schon der Schneidermeister Ellenlang, völlig gesund und unversehrt, dafür bekleidet mit einem sonderbaren grünen Gewand. Nur widerwillig erzählte es, was tatsächlich geschehen war.

„Da sah ich doch auf dem Markt einen Gaukler in einem grünen Trikot, wie er sich die Beine über die Schulter legte. So nähte ich mir auch ein solches Gewand und wollte es ihm nachmachen. Die Beine legte ich über die Schultern, doch ich konnte sie nicht wieder zurücknehmen. Dann kam Marjánka her und schlug den Radau mit dem Frosch!“

Damals gab es ein großes Gelächter in ganz Prag. Als der Meister Ellenlang (Lokýtek) starb, ließen seinen Nachbarn zum Andenken an dieses Ereignis über die Tür des Hauses einen großen steinernen Frosch hauen. Und der bewacht das Haus bis heute.

Die abgeschlagene Hand

Malá Štupartská - Kleine Stuppartgasse 6

Im Innern der Kirche des Hl. Jakobus, rechts neben der Haupttür, hängt eine geschwärzte menschliche Hand. Auf der Gedenktafel darunter steht eine bemerkenswerte Geschichte: Einmal ließ sich ein Dieb über Nacht in die Kirche einschließen. Er hatte es auf den kostbaren Schmuck abgesehen, mit dem auf dem Altar die Figur der Jungfrau Maria geschmückt war. Doch kaum hatte er sich nach der Perlenkette an ihrem Hals ausgestreckt, da packte ihn die Steinfigur an seiner Hand. Ihr Griff war so fest, dass keine Macht der Welt sie daraus hätte befreien können. So an den Altar gefesselt entdeckte ihn am Morgen der Küster. Man versuchte alles, um den Dieb von der Steinfigur loszureißen, doch vergebens. Schließlich musste ein Henker herbeigerufen werden, um dem Dieb die Hand abzuhauen. Da fiel die Hand wie von selbst aus der Hand der Jungfrau Maria und wurde zur Mahnung an die Wand der Kathedrale gehängt. Der Übeltäter verbrachte eine Zeitlang im Gefängnis und nach seiner Entlassung bat er die Mönche im Jakobuskloster, ihn aufzunehmen, damit er seine Sünde durch den Klosterdienst abbüßen könnte. So ist es dann auch geschehen.

Der zweimal aus Liebe geschenkte Schleier

Karolinum – Carolinum, Ovocný trh – Obstmarkt 3 – 5

Zu Zeiten des Kaisers und Königs Karl IV. lebte in Prag der Bürger Rotlev. Er besaß eine Goldmine in der Stadt Eule (Jílové), und so ging es ihm viele Jahre gut und sein Vermögen wuchs erfreulich an. Doch dann begannen die Bergleute zu melden, die Goldader verjünge sich immer mehr. Sie versuchten anderswo zu graben, an den verschiedensten Stellen der Mine, aber unter den Hämmern wälzte sich nur taubes Gestein, vom Gold aber nicht einmal ein Körnchen. Doch Rotlev glaubte, dass es in der Mine von dem seltenen Metall zur Genüge gab, es hieße nur, auszuharren und weiterzusuchen. Als sie nun schon einige Monate gesucht und noch immer nirgends Gold gefunden hatten, ging das Geld für den weiteren Abbau aus. Der Bürger musste einen Teil seines Vermögens verkaufen, um die Bergleute zunächst noch eine Woche weiter zu bezahlen, dann eine weitere Woche und einen Monat Arbeit. Das Geld ging aus, doch es fand sich kein Gold. Rotlev war traurig und grämte sich, doch noch immer glaubte er daran, dass in der Mine Gold sei. Nachts, wenn er nicht schlafen konnte, erschienen vor seinen Augen: breite funkelnde Goldadern in rissigen steinernen Wänden.

Eines Tages war klar, dass Rotlev an den Bettelstab kommt, wenn kein Wunder geschieht. Das Haus war verpfändet, Einrichtung und Wertsachen verkauft. Der Rotlev hatte nichts mehr, was er hätte noch verkaufen können.

„Wenn ich doch nur noch eine Woche bezahlen könnte, nur eine einzige Woche Abbau!“ seufzte er vor seiner Frau. Diese liebte ihren Mann über alles und es tat ihr Leid, dass er sich so plagte. Sie ging in die Stube, öffnete die Truhe und entnahm ihr die letzte Wertsache, die sie noch im Hause hatten. Es war ein goldgestickter Schleier- ein Flor, den sie von ihrem Gemahl als Hochzeitsgeschenk bekommen hatte. Der Rotlev weigerte sich den Schleier anzunehmen, denn er wusste, was er für seine Frau bedeutete. Doch sie lachte nur:

„Verkauf ihn nur. Du hast ihn mir einst aus Liebe geschenkt und jetzt gebe ich ihn dir aus Liebe zurück. Und auch wenn du um alles kommst, gibt es keinen Grund zum Verzweifeln, wenn wir uns lieb haben. Irgendwie schlagen wir uns schon durch!“

Dem Rotlev schossen Tränen in die Augen. Er drückte seine Frau fest an sich und schon eilte er mit dem Schleier zum Pfandleiher.

Drei Tage vergingen, an denen sich die Arbeiten beim Abbau fortsetzten. In der Frühe des vierten Tages kam ein Bote aus Eule zum Rotlev mit der Nachricht, dass sie in der Mine auf eine Goldader gestoßen seien. Doch es war angeblich nicht nur irgendeine, sie war ergiebig und je tiefer man grub, desto mehr weitete sie sich aus! Rotlev war gerettet. Vom ersten Geld aus dem gewonnenen Gold kaufte er vom Pfandleiher den Hochzeitsschleier seiner Frau zurück, und weil die neue Ader wirklich reich war, war Rotlev im Laufe eines Jahres nun vermögender als zuvor. Die ergiebige Mine begann man, - nach dem aus Liebe geschenkten Schleier - Flor zu nennen. In Prag ließ sich Rotlev daraufhin ein prachtvolles Haus mit einem schön verzierten gotischen Erker zu bauen. Das Gebäude erwarb später König Wenzel IV. für die Prager Universität und unter dem Namen Karolinum ist es bis heute der Sitz der Universität.

Der Ring im Fisch

V Kotcích – Zu den Marktbuden

Vorzeiten lebte in Prag eine reiche Händlerin. Sie handelte mit allem Möglichen, besaß gleich mehrere kleine Läden in der Gasse Zu den Marktbuden und auch an anderen Prager Märkten, und das Geld vermehrte sich in ihren Händen nur so. So geschickt sie aber war, so hochmütig und geizig war sie auch.

Einmal fuhr die Herrin mit ihrer Kutsche über die Karlsbrücke. Eine Bettlerin, die dort zu sitzen pflegte, bat sie um ein Almosen, doch die Herrin wies sie nur schroff ab. Die Bettlerin nickte mit ihrem grauen Kopf und rief hinter der Kutsche her: „Sieh nur zu, dass du nicht selbst in einem Jahr an meiner Stelle sitzt!"

Die Herrin hörte dies. Sie ließ die Kutsche anhalten, stieg aus, zog einen wertvollen Ring vom Finger ab, holte aus und warf ihn über das Steingeländer in die Moldau. „Der eine hat Glück, der andere Pech", schnitt sie der Bettlerin eine Grimasse. „Mein Glück ist so sicher, wie dass dieser Ring nie wieder an meine Hand zurückkehrt!" Dann ließ sie dem Pferd die Peitsche geben und fuhr weg, zufrieden, dass sie es der frechen Greisin so richtig gezeigt habe.

Nach einiger Zeit richtete die reiche Händlerin in ihrem Haus ein großes Gastmahl aus. Als man gebratenen Fisch auf den Tisch brachte, schnitt die Herrin ihren Fisch an, wobei das Messer auf einmal knirschte. Schon wollte die Herrin ihre Dienerin ausschimpfen,

dass sie die Fische schlecht putze, doch auf einmal blickte sie auf den Teller und entdeckte - den Ring. Der Fisch hatte ihn verschluckt, die Fischer hatten ihn gefangen, die Dienerin hatte den Fisch auf dem Markt gekauft und in die Küche getragen. Die Herrin besann sich sogleich an die Weissagung der Bettlerin und dabei war ihr angst und bange. Später sollte sie sich noch oft daran erinnern, ereilte sie doch von da an ein Unglück nach dem anderen. Erst verlor sie viel Geld durch ein unvernünftiges Geschäft, ihre Wagen mit Ware plünderten Wegelagerer, in das Haus, in dem sie wohnte, schlug der Blitz ein und es brannte mit allem ihrem Vermögen aus. In einem Jahr verlor sie alles, was sie hatte. Und so blieb ihr nichts anderes übrig, als sich auf die Brücke zu begeben und mit den anderen Bettlern um Almosen zu bitten.

Das Haus Zum Tod

Dlouhá – Lange Gasse 5

An der Stelle des heutigen Jugendstilhauses in der Langen Gasse stand einst das Haus eines reichen Bürgers. Lange wartete er vergebens auf ein Kind und erst nach Jahren wurde seiner Frau ein schöner Junge geboren. Die Eltern fraßen einen Narren an ihm, doch ihr Glück sollte nicht lange dauern: als der Junge ein Jahr alt war, verschwand er und war nicht wieder aufzufinden. Vergebens durchsuchten sie das ganze Haus vom Dachboden bis zum Keller, vergeblich suchten sie die Häuser in der Umgebung ab, doch der Junge war wie vom

Erdboden verschluckt. Am nächsten Tag erinnerte sich die Dienerin der Nachbarn daran, dass sie zur selben Zeit gesehen hatte, wie einige Vagabunden die Straße entlang gingen und einer von ihnen ein weinendes Kind im Arm getrug. Die Wache an den Stadttoren bekam sogleich den Befehl, jeden Verdächtigen zu durchsuchen, doch es war schon zu spät. Die Vagabunden waren auf und davon.

Die Jahre gingen ins Land und die unglücklichen Eltern blieben einsam, sie hatten keine weiteren Kinder mehr. Dann starb der Bürger. Die Witwe war allein in dem großen Haus und traurig, die Tage und auch die Abende vergingen einer wie der andere in Öde und Sehnsucht nach dem Gemahl. Als eines Tages ein unbekannter Jüngling an ihrem Tor anklopfte und sie um Obdach ersuchte, kam die Witwe ihm gerne entgegen. Der junge Mann mietete sich ein Zimmer und sogleich wurde es lustiger im Haus. Sie gewöhnten sich daran, die Abende gemeinsam zu verbringen, der Jüngling erzählte der Witwe von fremden Landstrichen und Städten, die er besucht, und über Bücher, die er gelesen hatte. Trotz des großen Altersunterschieds fanden sie nach einer Weile Gefallen aneinander und so heirateten sie und lebten als Eheleute glücklich und zufrieden. Nur dem jungen Mann tat es leid, dass er seiner Gemahlin nichts über seine Verwandten sagen konnte. Er wusste nur, dass ihn irgendwelche umherziehenden Leute erzogen hatten, die sich in seiner frühen Kindheit seiner angenommen hatten. Es plagte ihn so, dass er nicht wusste, wer er war und woher er stammte, dass er sich eines Tages von seiner Frau verabschiedete und sich aufmachte, die Vagabunden zu finden.

Da er wusste, wo sich die Vagabunden im Frühling aufhielten, wohin sie zogen und wo sie den Winter verbrachten, fand er sie bald freudestrahlend wieder. Sogleich erzählte er ihnen, was für ein Glück ihn heimgesucht habe, und dachte sich, dass sie sich mit ihm freuen würden. Sie wandten sich jedoch entsetzt von ihm ab und wollten nicht mehr mit ihm reden. Bis eine weißhaarige Greisin ihm verriet, dass er als Kind aus einem Bürgerhaus in Prag entführt worden war. Erst hatten sie ihn im Tausch gegen Geld zurückgeben wollen, doch dann schreckten sie vor der Strafe zurück und nahmen ihn auf die Reise in fremde Länder mit. Als der Mann die Greisin bat, ihm das Haus zu beschreiben, schien ihm das Blut zu Eis zu gefrieren. Es war das Haus, in dem er nun wohnte, und es gab keinen Zweifel daran, dass er seine eigene Mutter geheiratet hatte. Gänzlich unglücklich

kehrte er nach Prag zurück und vertraute sich seiner Frau an. Diese wusste zuerst nicht, ob sie sich über die Rückkehr des verlorenen Sohnes freuen oder ob ihrem unglücklichen Schicksal verzweifeln solle. Und weil man die Wahrheit nie lange verheimlichen kann, wurde nach kurzer Zeit ruchbar, wie die Dinge um die beiden standen. So ein Vergehen wurde damals mit dem Tod bestraft und der junge Mann zum Tod durch den Strang verurteilt. Die Strafe wurde vor dem unglücklichen Haus in der Langen Gasse vollstreckt, das seitdem nicht anders als das Haus zum Tod genannt wurde. Über das Haustor malte ein unbekannter Mann ein Bild mit einem knienden Mann, der seinen Kopf auf den Richtblock legt, und über ihm den Henker mit erhobenem Beil.

Die tapfere Nonne

Kloster und Kirche der Hl. Anna – Klášter a kostel sv. Anny, Annenplatz – Anenské náměstí

Das frühere Kloster der Heiligen Anna und die gleichnamige Kirche waren zu den frühesten Zeiten seiner Geschichte der Sitz der Tempelritter. Nach der Auflösung des Templerordens zogen Dominikanernonnen hier ein. Bei den Hussitenstürmen, als Truppen unter der Führung von Johann Ziska von Trocnov (Jan Žižka z Trocnova) in Prag viele Klöster und Kirchen plünderten, blieb nur dieses

eine verschont. Es wird erzählt, dass als Ziska mit seiner Truppe zum Annakloster zog, sich das Tor öffnete und eine greise Nonne herauskam. „Hannes", sprach sie zum Ziska, dem Feldherrn, vor dem sich ganz Europa fürchtete: „ Erkennst du mich denn nicht, Hannes, ich bin deine Tante? Schone dieses Kloster für unsere Verwandtschaft!"

„Deinem Wunsche will ich nachkommen, Tante", sagte Ziska, „doch untersteh' dich, in deinem Leben noch einmal etwas von mir zu verlangen!"

Dann wandte er das Pferd um, winkte mit der Hand und ritt an der Spitze seiner Truppe woandershin.

Das Schwalbenwasser

Anežský klášter – St.-Annenkloster, Anežská – Annengasse 12

Die Gründerin des St.-Annenklosters war Agnes von Böhmen, die jüngste Tochter des böhmischen Königs Premysl Ottokar I. Schon als junges Mädchen entsagte sie sich dem weltlichen Leben und gründete im Jahre 1231 ein Kloster am Ufer der Moldau, an Stellen, die Auf dem Franz (Na Františku) genannt werden. Da Agnes eine große Bewunderin der Klara von Assisi war, die nach dem Vorbild des Hl. Franz von Assisi auf weltlichen Reichtum verzichtete, berief sie in ihr Kloster Nonnen dieses Ordens und machte sich selbst zu seiner

Äbtissin. Weil das Leben der Klarissen in Armut und Barmherzigkeit bestand, ersuchten oft die Ärmsten der Armen an den Klostermauern um Hilfe.

Einmal kam in das St.-Annenkloster eine verarmte Adlige von irgendwoher aus Polen. Sie war alt und krank und hatte auf der Welt niemanden mehr, der sich um sie kümmern würde. Die Nonnen nahmen sich ihrer an und erlaubten ihr, im Kloster zu bleiben. Die Adlige vertraute ihnen aus Dank ein geheimes Rezept zur Zubereitung einer wundersamen Arznei an, das in ihrem Geschlecht von Glied zu Glied weitergegeben worden war. Als sie starb, begannen die Schwestern die Heiltropfen selbst zuzubereiten und behandelten mit ihnen kranke Arme. Die Armen begannen es Schwalbenwasser zu nennen oder auch die Tropfen der Heiligen Anna.

Nach der Auflösung des Klosters zogen die Nonnen weg und das Geheimnis des Schwalbenwassers nahmen sie mit. Eine von ihnen aber blieb, ließ sich in der Langen Gasse nieder und bereitete dort Heiltropfen zu, die sie an Arme verteilte. Nach ihrem Tod aber gab es in Prag niemand mehr, der imstande wäre, die Arznei zuzubereiten. Nur einige Fläschchen mit der Arznei verblieben der alten Witwe, bei der die Nonne gewohnt hatte, nur einige Fläschchen, und diese verbarg sie als kostbaren Schatz.

Nach einiger Zeit erschien im Haus der Witwe ein junger Student. Er erzählte, dass er aus Polen aus dem gleichen Geschlecht wie die Adlige stamme, die vor Jahren Zuflucht im St.-Annenkloster gefunden hatte, und er sagte auch, dass sie die einzige sei, die das Geheimnis der Arznei kannte. Die Witwe gab ihm eines der letzten Fläschchen, mehr konnte sie nicht für ihn tun. Der Student aber wollte nicht aufgeben. Bei der Witwe mietete er sich ein Zimmer und versuchte, das Geheimnis des Schwalbenwassers selbst herauszufinden. Er führte chemische Untersuchungen und die verschiedensten Experimente durch, um seine Zusammensetzung zu ermitteln und arbeitete oft bis spät in die Nacht. Einmal ertönte aus seinem Zimmer eine laute Explosion, und als die bestürzte Witwe herbeieilte, fand sie den Studenten tot inmitten von Trümmern und verbrannten Möbeln liegen. So verschwand auf immer das Geheimnis der Wunderarznei, die vielen Armen für immer die Gesundheit zurückgegeben hatte.

Die unglückliche Nonne

Anežský klášter – St.-Annenkloster, Anežská – Annengasse 12

Einmal geschah es, dass ein reicher Ritter seine Tochter in das St.-Annenkloster brachte. Er wollte sie dafür bestrafen, dass sie sich seinem Willen widersetzt und in einen armen Knaben aus der Unterstadt unterhalb der Burg verliebt hatte. Der Bursche fand jedoch bald heraus, wo der Vater seine Auserwählte versteckt hielt. Er schrieb ihr ein geheimes Briefchen mit den Worten, dass sie in der Nacht in den Klostergarten kommen solle, wo er auf sie warten werde. Welch ein Wiedersehen - glücklich und unglücklich zugleich. Als sie sich an ihren Umarmungen und Küssen gesättigt hatten, planten sie die gemeinsame Flucht. Eine der Nonnen, die in der Nacht nicht schlafen konnte und aus dem Fenster ihrer Zelle in den Garten hinausschaute, sah alles und gab dem Vater des Mädchens davon Bescheid. In der Nacht, als die jungen Leute gemeinsam fliehen wollten, wartete der Vater im Schatten der Klostermauer. Nach einer Weile erschien das Liebespaar. Der Knabe hielt ein Bündel mit dem bescheidenen Vermögen des Mädchens in der Hand und mit der anderen Hand half er ihm, über die hohe Mauer zu klettern. Sie wussten nicht, dass sowie sie die Freiheit erlangten, sie damit ihrem sicheren Tod entgegengingen. Aus der Dunkelheit sprang der Vater des Mädchens mit einem bloßen Schwert hervor und bevor es sich das Paar versah, stieß

er dem Jüngling das Schwert in die Brust. „Um Gottes willen, was hast du getan, Vater?“ rief das Mädchen, stürzte zu ihrem Liebsten und jammerte lauthals. Doch es war zu spät, die Augen des Liebsten waren schon erloschen und aus seinem Mund rann Blut. Er war tot. Der Ritter wusste vor Wut nicht, was er tat. Mit einem zweiten Stoß tötete er seine eigene Tochter. Als schon alles vorüber war und auf dem Pflaster zwei blutige Leiber zu seinen Füßen lagen, rief er mit verzweifelter Stimme aus: „Du bist der Grund, du ungeratene Tochter, dass auf unser ganzes Geschlecht die Schande einer schrecklichen Tat fällt! Gott weiß, dass du auch nach dem Tod keine Ruhe haben wirst, solange dieses Kloster steht!“ Dann lief er mit dem Schwert in der Hand in die Dunkelheit und ward nie mehr gesehen. Das arme Mädchen setzten die Nonnen im Kloster bei, doch den Fluch des Vaters konnten sie nicht abwenden. Und so wandelt ihr unglücklicher Geist in stockfinsteren Nächten durch die Klostergänge und wimmert herzzerreißend.

Seit diesem Ereignis gingen Jahre, dann auch Jahrzehnte ins Land, bis die Nonnen das St.-Annenkloster verlassen mussten. Seine schweigenden Mauern überwucherte das Moos, die leeren Kirchen ragten vorwurfsvoll in den Himmel empor, der Garten verwahrloste voller Unkraut. Nur der Wind wehte hier, im Winter wirbelte er die Schneeflocken wild auf, im Sommer flüsterte er in den Kronen der geduckten alten Bäume.

In ein kleines Haus, aus dem ein kleines Fenster in den Klostergarten schaute, zog eines Tages ein armes Mädchen ein. Sie liebte einen Jungen aus der Nachbarschaft, ihr Vater war jedoch hartherzig und wollte nicht in die Heirat mit einem Mädchen einwilligen, das noch ärmer war als er. Das Mädchen grämte sich ob der aussichtslosen Liebe, bis sie eines Abends einsah, dass es ihr im Grab besser gehen werde als auf der Welt. Sie rührte sich ein Gift an und blickte mit dem Glas in der Hand zum letzten Mal aus dem Fenster in den Klostergarten, wo der Wind die trockenen Blätter in die Dämmerung des frühen Abends wehte. Die Augen hatte sie voller Tränen und so erblickte sie nur undeutlich eine Gestalt in grauem Habit, die sich ihrem Fenster schnell näherte. Plötzlich sprang das Fenster durch den Stoß eines eisigen Windes auf, die graue Gestalt entriss ihr das Glas mit dem Gift, warf es weit weg in den Garten und verschwand. Das erschrockene Mädchen stand noch lange am offenen Fenster, wusste

nicht, was sie von dem Spuk denken solle, aber ihr war nun klar, dass sie weiterleben soll.

Doch es war ein trauriges Leben. Sie konnte nie so viel Geld ansparen, wie der Vater ihres Jünglings von der Braut verlangte. Es vergingen Winter, Frühling, Sommer und schon war der Herbst gekommen. Eines Abends blickte sie so wie vor einem Jahr in den herbstlichen Garten. Plötzlich sprang das Fenster durch einen kühlen Windstoß auf, die graue Gestalt ließ ihr ein Beutelchen in den Schoß fallen und verschwand im Zwielicht. Als das Mädchen das Beutelchen aufschnürte, war darin genau so viel Geld, wie sie brauchte. Kurz darauf heiratete sie ihren Jüngling, sie hatten beide eine große Kinderschar und lebten zufrieden. Niemals vergaß sie jedoch, wer ihnen geholfen hatte - es war sicherlich der Geist der unglücklichen Klarissin, die auf ihr eigenes Glück vergeblich gewartet hatte, doch anderen Glück schenkte.

Die drei Fahnenträger

Husova - Husgasse 12

In einem Haus in der Husgasse lebten einst drei Soldaten. Es waren dicke Freunde, sie bewohnten eine gemeinsame Stube, an den Abenden saßen sie in den Altstädter Kneipen und stiegen gemeinsam auch Mädchen nach. Jeder von ihnen diente jedoch bei einem anderen Bataillon, und als sie zum Krieg eingezogen wurden, mussten sie sich voneinander verabschieden. Am letzten Abend vor der Abfahrt tranken

sie in der Nachbarskneipe, erhoben einen Krug nach dem anderen, schmetterten Kriegslieder, umarmten sich ständig und schlugen sich mannhaft auf die Schulter: „Wenn der Krieg zu Ende ist, sehen wir uns doch hier wieder!“

Als schon der Morgen graute, blieben die Soldaten als Letzte in der Schenke zurück. Der Wirt wischte die Tische ab und kehrte das Lokal, doch er kannte die Soldaten und wusste, dass sie zum Abschied tranken und so ließ er sie noch eine Weile sitzen. Doch sie hatten alle drei schon zu viel getrunken, die gute Laune hatte sie verlassen und so blieb ihnen nur die beklommene Kriegerlaune. Auf einmal sagte der eine: „Aber das sage ich euch, Brüder, es möge sich keiner von uns in der Schlacht aus Dummheit umbringen lassen! Den zwei anderen wäre doch traurig zumute!“

„Das lässt sich leicht sagen“, erhob der Zweite das Haupt vom Tisch, auf dem er döste. „Und wie würden die übrigen überhaupt erfahren, dass Gott den Dritten schon zu sich berufen hat? Und wenn nicht den Dritten, dann vielleicht den Zweiten oder den Ersten ...?“ Die Gedanken verstrickten sich ihm so wie seine Zunge, doch die Kameraden hatten ihn verstanden.

„Ich weiß, wie wir es angehen!“ sagte der Dritte und zum Beweis schlug er mit der Hand auf den Tisch, bis sich der Wirt vorwurfsvoll umschaute. „Wenn einer von euch auf dem Schlachtfeld bleibt, kehrt er in der Nacht als Geist zurück und gibt den übrigen Bescheid! Hand drauf!“

Als sie sich dies versprochen hatten, fröstelte ihnen, doch sie spülten die schwarzen Gedanken mit dem letzten Krug hinweg und gingen heim. Nach ein paar Tagen marschierte jeder von ihnen an eine andere Front. Monate gingen ins Land und zwei der Kameraden kehrten glücklich nach Hause. Nur von dem Dritten keine Spur. Bis sie eines Nachts, als die beiden ruhig in ihren Betten schliefen, der Geist des toten Kameraden aufweckte. Er schwebte durch die von Mondlicht durchflutete Stube und zeigte traurig auf die blutige Wunde in seiner Brust. „Doch in einem Jahr folgt ihr mir nach“, hauchte das Gespenst und verschwand. Den Kameraden gerann das Blut zu Eis, die Haare standen ihnen vor Grauen zu Berge und ihre Zähne klapperten. Seitdem fühlten sie sich gar nicht wohl in ihrer Haut, nicht einmal in die Schenke gingen sie mehr und mussten ständig an die Worte des toten Kameraden denken. Um die böse Weissagung abzuwenden,

hängten sie das Kriegerhandwerk an den Nagel und traten in das nahe Kloster der Hl. Aegidius ein. Aber auch das nützte ihnen nichts, denn nach einem Jahr fand der Tod die beiden auch dort. Vielleicht treffen sie sich irgendwann in der Himmelsschenke bei einem gemeinsamen Krug wieder. Das Haus, in dem sie wohnten, hat an der Stirnseite drei vergoldete Blechtafeln mit den Porträts der drei Fahnenträger.

Die Lebkuchenköpfe

Karlova 3 - Karlsgasse 3

An der Ecke der Karlsgasse und der Seminargasse steht das Haus Zum goldenen Brunnen. Sein Name rührte von einem Brunnen im Keller des Hauses her, über den man sich seltsame Dinge erzählte. Angeblich war im Wasser oft ein goldener Schein zu sehen, der bestimmt von einem verborgenen Schatz stammte. Eine Dienerin beugte sich aus Neugier so tief in den Brunnen, dass sie hineinfiel und ertrank. Die Tote zog man heraus und das Wasser pumpten sie heraus, um den Brunnen zu reinigen. Und tatsächlich - bei der Reinigung löste sich ein Stein aus dem Mauerwerk, fiel herunter und dahinter ergoss sich ein Golddukatenschatz auf den Boden. Der Besitzer des Hauses freute sich sehr, doch der Geist der ertrunkenen Dienerin verdarb ihm sein Glück. Nachts wandelte sie stets tropfnass durchs Haus und jammerte.

Noch ganz anders spukte es angeblich im Haus Zum goldenen Brunnen. Neben der nassen Dienerin ging hier der Geist eines Ritters

und seiner Herrin herum, beide ohne Kopf. Niemand aber kannte ihre Geschichte und deshalb wusste auch niemand, wie man sie befreien konnte. Bis sich eines Tages ein Zuckerbäcker im Haus niederließ. Er buk kleine und auch große Striezel, bestreut mit Zucker, Mohn und Salz, Brötchen und Kuchen, aber vor allem die verschiedensten Lebkuchen, die er schön verzierte. Ehrlich und geschickt, hatte er sein Handwerk gern und er dachte unaufhörlich darüber nach, wie er seine Ware noch verbessern könnte, damit sie guten Absatz fand. Kauften die Altstädter doch gern bei ihm ein.

Einmal knetete er abends wieder in seinem großen Backtrog einen Lebkuchenteig und stach Herzen, Pferdchen, Sterne, Soldaten und auch Mütter aus. Als er die erste Ladung in den Ofen schob, überlegte er, welche Formen er noch hinzufügen sollte. Da hatte er die Idee, Figuren von den Gespenstern, dem Ritter und der Herrin zu machen, sie würden sicher Absatz finden! Doch da er dachte, dass niemand sie ohne Kopf kaufen würde, machten er ihnen Köpfe nach seiner Art und ging schlafen. Am Morgen erwartete ihn jedoch eine Überraschung: Allen Lebkuchenrittern und ihren Frauen waren die Köpfe abgebrochen und auf dem Boden verstreut. Er ließ die Dienerin und Helfer rufen, die aber schworen, dass sie nichts verbrochen und auch nichts gesehen oder gehört hatten. Am Abend buk er also neue Figuren und als er fortging, schloss er die Werkstatt ab und steckte sich den Schlüssel in die Tasche. Doch am Morgen war alles wie am Vortag: die Herren und Herrinnen aus Lebkuchen hatten keine Köpfe mehr. Der Zuckerbäcker stand vor einem Rätsel. Er beschloss, am dritten Tag nicht mehr schlafen zu gehen, sondern sich in der Werkstatt zu betten, und die Tunichtgute, die seine Arbeit vernichteten, ordentlich zu überraschen. Er stach aus, buk und legte sich auf dem Fußboden schlafen.

In der Nacht wachte er unvermutet auf und erblickte über sich den Ritter und seine Herrin, beide mit Köpfen. „Du hast Figuren aus Teig nach unserem Ebenbild gemacht“, sagte der Ritter, „doch unsere Köpfe hast du ausgedacht. Also sind wir gekommen, damit du sie richtig machst. Nun spute dich aber! Bevor die Geisterstunde vergeht, müssen unsere Köpfe wieder in der Moldau sein.“

Der erschrockene Zuckerbäcker machte rasch einen Teig an, stach Figuren aus und machte ihnen Köpfe treu gemäß der Vorlage. Als er fertig war, sah sich der Ritter die Figuren an und sagte: „Du hast

deine Arbeit gut gemacht. Sonst wärst du nun schon einen Kopf kürzer dafür, dass du etwas an unserem Unglück verdienen wolltest. Aber jetzt kannst du uns befreien und zudem zu großem Reichtum kommen. Vor vielen Jahren hat man uns in diesem Haus ermordet, als wir hier übernachten wollten. Der Besitzer raubte uns aus, brachte uns um und zerrte unsere Körper in den Keller. Dort schnitt er uns die Köpfe ab und warf sie in die Moldau. Die Körper sind im Keller vergraben, wo auch unser Geld ist. Willst du uns befreien, musst du unsere Leiber ausgraben und auf dem Friedhof beisetzen. Und wenn du dies tust, wird sich der Schatz selber dir zeigen." Der Zuckerbäcker versprach, dies zu tun, und die Erscheinungen verschwanden.

Am anderen Tag nahm der Zuckerbäcker morgens eine Hacke und ging in den Keller. Als er eine Weile im Fußboden gegraben hatte, fand er die Knochen der unglücklichen Eheleute. Er hob sie auf, wickelte sie in Leinen und bestattete sie auf dem Friedhof. Nicht lange darauf stürzten die Stufen zum Keller von selbst zusammen und hinter einem abgebrochenen Stück Mauer lag in einer Nische ein Haufen goldener Geldstücke. Der Zuckerbäcker war glücklich und seitdem spukte der Ritter mit der Herrin im Haus nicht mehr.

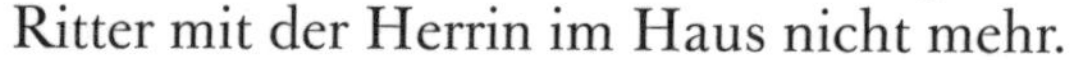

Die Brücke aus Eiern und Quark

Karlův most – Karlsbrücke

In uralten Zeiten, bevor die erste Brücke über die Moldau gebaut worden war, überquerten die Wagen den Fluss über mehrere Furten. Auch viele Fährmänner betrieben hier ihr Handwerk. Alte Chroniken überlieferten die Erzählung von einem großen Schiff des sagenhaften Fürsten Kresomysl aus dem 9. Jahrhundert, mit dem Wagen und Leute bequem zum anderen Ufer übersetzten. Im 10. Jahrhundert führte aber schon eine hölzerne Brücke über die Moldau. Und im Jahre 1158 war hier die erste steinerne Brücke, seinerzeit ein pures Weltwunder. Mit ihrer Länge von mehr als fünfhundert Metern war sie die längste in Mitteleuropa. Sie erhielt ihren Namen nach der Gemahlin von Vladislav II. Judith, die sich um ihren Bau verdient gemacht hatte. Einen Bogen der Judithbrücke können wir bis heute im Keller des Kreuzherrenklosters auf dem Altstädter Ufer sehen. Beim großen Hochwasser von 1342 wurde die Judithbrücke jedoch umgerissen. Dies war damals für Prag und seinen Handel eine große Katastrophe. Mit großem Pomp legte der Kaiser und König Karl IV. den Grundstein zum Bau einer neuen Brücke. Dies machte er zu einem von den Hofastronomen bestimmten Zeitpunkt, der bei der Eintragung in die Stadtchronik mit der Ziffernreihe 1-3-5-7-9-7-5-3-1 ausgedrückt wurde, das heißt im Jahre 1357, am 9.7. um 5 Uhr und 31 Minuten.

Den Bau der Brücke vertraute Karl IV. Peter Parler, dem Baumeister des St.Veits-Domes an. Damit das Werk nicht nur prächtig, sondern auch beständig war, beschloss der Baumeister dem Mörtel auch Wein

und rohe Eier beizufügen. In ganz Prag gab es jedoch nicht genug davon und so wurden sie auf Befehl des Königs aus allen Winkeln Böhmens herbeigefahren. Mit Stroh ausgelegte hölzerne Wagen, beladen mit der zerbrechlichen Last in geflochtenen Körben und auch Kisten, versammelten sich am Moldauufer, wo Maurer die Eier zerschlugen und in den Kalk mischten. Nur in Welwarn (Velvary) verstanden sie die königliche Verordnung irgendwie falsch. Sie fürchteten sich davor, dass die Eier auf der Fahrt zerbrechen würden, und so sandten sie die Eier hartgekocht. Ganz Prag lachte die Leute von Welwarn aus und sie wurden Jahrhunderte lang schadenfroh an dieses Werk erinnert. Zum Gespött der Leute wurden sie aber nicht allein, die Bewohner von Unhoscht (Unhošt) schafften die Eier zwar heil heran, aber man verwechselte sie ein wenig mit Milch, mit dem dann beim Bau der Brücke der Mörtel angerührt wurde. Neben der Milch sandten sie auch Quark und Quargel.

Und so ist die Karlsbrücke wohl die einzige von allen Brücken auf der Welt, die nicht nur aus Stein, sondern auch aus dem Wein der Prager Weinberge, aus böhmischen Eiern und Unhoschter Quark und Käse gebaut wurde. Es scheint, dass an diesem abenteuerlichen Rezept etwas dran ist. Sonst würde die Prager Brücke nicht schon sechseinhalb Jahrhunderte so stehen, wie sie einst gebaut wurde.

Der Baumeister der Karlsbrücke

Karlův most – Karlsbrücke

Die Karlsbrücke überstand ohne größeren Schaden die großen Hochwasser, die von zu Zeit Prag überfluteten. Doch als der Priester Jan Nepomuk, der später heilig gesprochen werden sollte, von der Brücke hinuntergestürzt wurde, brach angeblich noch am selben Tag ein ganzer Brückenbogen an dieser Stelle zusammen. Und niemand war imstande, ihn wieder aufzubauen. Das, was die Maurer tagsüber mauerten, fiel in der Nacht wieder in sich zusammen. Bis ein Baumeister sich in den Kopf setzte, die Brücke zu reparieren. Er probierte alles Mögliche aus, doch ohne Erfolg. Eines Nachts erschien ihm der Teufel im Traum und bot ihm Hilfe an. Er forderte jedoch die Seele desjenigen, der als erster auf die andere Seite hinübergehen werde. Der Baumeister war einverstanden und damit er aber nicht die Seele eines unschuldigen Menschen auf dem Gewissen habe, entschied er sich, den Teufel zu überlisten.

Nach ein paar Tagen war klar, dass der Teufel sein Wort hielt. Mit dem Mauerwerk klappte es wie am Schnürchen, das Gewölbe war fest und stürzte nicht ein. Bis zum Tag der feierlichen Wiedereröffnung der Brücke durfte sie niemand betreten. Am Vorabend des bestimmten Tages versteckte der Baumeister im Altstädter Brückenturm einen Hahn, um ihn als ersten am Morgen auf die Brücke zu lassen und den Teufel so zu überlisten. Doch der Teufel war schlauer. Er nahm die Gestalt eines Maurergehilfen an, und kaum war der Baumeister in der Frühe aus seinem Haus auf der Kleinseite fort gegangen, eilte

der Maurergehilfe atemlos zu dessen Frau und rief, sie solle rasch auf die Brücke laufen, da ihrem Mann auf der anderen Seite ein Unglück zugestoßen sei. Im Kleinstädter Turm erkannten sie des Baumeisters Frau und ließen sie auf die Brücke.

Als der Baumeister seine Frau als erste über die Brücke laufen sah, stockte ihm das Blut in den Adern. Er erkannte, dass der Teufel ihn besiegt und sich die Seele des ihm liebsten Menschen genommen hatte. Was passiert war, konnte man nicht mehr ungeschehen machen. In den folgenden Nächten starben die Frau und das Kind, das sie erwartet hatte. Die Seele dieses Kindleins erhob sich seitdem angeblich über die Brücke empor und einsame über die Brücke eilende Fußgänger vernahmen manchmal sein Niesen.

Bis eines Tages ein Mann vom Lande das Niesen vernahm. Wie gewohnt, erwiderte er „Grüß Gott“, obwohl weit und breit niemand zu sehen war. Da hörte er, dass ein dünnes Stimmchen antwortete: „Gott gebe es“. Erst in diesem Augenblick war das Seelchen befreit und konnte in den Himmel davonschweben.

Der Bruncvík

Karlův most – Karlsbrücke

Die dreißig Steinfiguren von Heiligen wurden auf der Karlsbrücke erst in der Mitte des 18. Jahrhunderts aufgestellt. Die Adligen, die Kirche, die Prager Gemeinde und die Hochschulen hatten die Bildhauerwerke zur Verschönerung der Brücke bestellt. Bedeutende Künstler ihrer Zeit hatten die Steinfiguren geschaffen, der Großteil stammte von Matthias Braun und Johann Brokoff samt seinen Söhnen. Schon viele Jahrhunderte ärgern die Prager ausländische Besucher mit der Frage: Wie viele Steinfiguren stehen auf der Brücke? Die auf den ersten Blick einfache Frage ist jedoch tückisch, sind es doch keineswegs dreißig Steinfiguren, sondern einunddreißig. Die einunddreißigste ist Bruncvík mit dem goldenen Schwert, der etwas abseits auf einem Brückenpfeiler auf der Kampa steht. Man nennt ihn auch Roland nach dem beliebten Helden der mittelalterlichen Ritterlegenden, die in ganz Europa erzählt wurden. Ähnliche Säulen mit einem Ritter gibt es in vielen weiteren europäischen Städten, wo sie ursprünglich als Zeichen der Vollmacht der städtischen Selbstverwaltung aufgestellt wurden. Dem Bruncvík kauert am Bein aber zudem ein Löwe und von da ist es nur ein Stück weit zur Sage, wie der unverzagte Fürst Bruncvik das Bild des Löwen auf das Wappen des böhmischen Königtums gelangte.

In frühen Zeiten herrschte im böhmischen Land angeblich der Fürst Stilfried, der in seinem Wappen einen gewöhnlichen Eisenkessel hatte. Es verlangte ihn nach einem nobleren Wappen und so zog er in die Welt und errang sich durch seine Tapferkeit in den Diensten des neapolitanischen Königs das Wappen eines schwarzen Adlerweibchens auf goldenem Feld. Sein Sohn, der Ritter Bruncvik, nach dem Tod des Vaters zum Regenten des böhmischen Landes geworden, setzte sich in den Kopf, dass er in seinem Wappen ein noch nobleres Zeichen haben wollte. Er machte sich auf den Weg, durchwanderte viele denkwürdige Länder, segelte übers Meer, bis er an einer Stelle in wilden Felsen einen siebenköpfigen Lindwurm erblickte, der mit einem Löwen kämpfte. Weil der Löwe im Kampf erschlaffte, schlug Bruncvík sich auf seine Seite und tötete den Drachen. Der dankbare Löwe begleitete ihn dann auf seinen Reisen. Im Reich des Königs Olibrio erwarb er auch noch ein wundertätiges Schwert, mit dem er daraufhin alle Feinde besiegte. Sobald er sagte: „Allen den Kopf ab!“, rollten die Köpfe der Feinde. Mit dem wundersamen Schwert und dem Löwen an seiner Seite kehrte der tapfere Bruncvik nach Prag zurück und erklärte den silbernen Löwen auf rotem Feld zum neuen Wahrzeichen des böhmischen Königtums.

Irgendwo in einem der Pfeiler der Karlsbrücke ist angeblich das wundertätige Schwert von Bruncvik eingemauert. Wird das böhmische Land einmal verloren sein, so wachen die im Berg Blanik schlafenden Ritter auf und eilen Prag zu Hilfe. An ihre Spitze stellt sich Fürst Wenzel auf einem weißen Pferd und wenn er mit dem Heer über die Karlsbrücke reitet, stolpert das Pferd, und das wundersame Schwert springt aus der Erde direkt dem Fürsten in die Hand. Dann besiegt das Heer vom Blanik den Feind und in Böhmen wird alles wieder gut.

Der Schatz in der Brücke

Karlův most – Karlsbrücke

In einem gottverlassenen Dorf unweit von Prag wohnte ein Häusler. Seine Kate war klein genauso wie der Garten und in diesem stand ein Apfelbaum. Dafür hatte er viele Kinder, aber weil er arm war, hatten sie oft nichts zu beißen. Einmal hatte er nachts einen Traum. Es träumte ihn, dass er über die Karlsbrücke ging und auf einmal über einen Haufen Goldstücke stolperte. Doch als er aufwachte, waren die Goldstücke dahin und in der Kate Armut wie vorher. Den gleichen Traum träumte er in der zweiten Nacht und auch in der dritten. Dies ließ ihm schon keine Ruhe mehr und so machte er sich auf nach Prag auf die Karlsbrücke.

Er ging den ganzen Tag auf der Brücke hin und her bis zum Abend, doch sah er nichts Besonderes. Bis ein Soldat ihn bemerkte, der in einer Wachstube auf der Brücke wachte, und ihn fragte, was er dort denn tue.

„Das ist seltsam", sagte der Soldat, als ihm der Häusler seine Geschichte erzählte. „Auch ich hatte einen sonderbaren Traum und auch drei Nächte hintereinander. Angeblich gibt es ein Stück weit von Prag ein Dorf, in ihm eine Kate und in ihrem Garten wächst ein Apfelbaum, unter dessen Wurzeln sich ein Goldschatz verbirgt."

Der Häusler jubelte: „Das ist doch meine Kate!"

Gemeinsam mit dem Soldaten eilte er nach Hause, grub den

Apfelbaum aus und fand unter seinen Wurzeln tatsächlich den Goldschatz. Sie teilten ihn gerecht auf und beide lebten zufrieden bis an das Ende ihrer Tage.

König Wenzel und die Barbierin Susanne

Karlovy lázně – Karlsbad, Smetanovo nábřeží – Smetanaufer 198

König Wenzel IV. kam einmal mit seinen Landesherren nicht mehr aus. Sie warfen ihm vor, dass er sich für die königlichen Ämter seine Günstlinge auswählen und die Vorschläge und Ratschläge der Landesherren nicht beachten würde. Die Streitereien und Zwiste nahmen zu, bis die Adligen den König einmal auf dem Weg von der Burg Bettlern (Žebrák) nach Prag überfielen und ihn gefangen nahmen. Sie fuhren ihn in die Altstadt und warfen ihn dort im Altstädter Rathaus ins Gefängnis, aus dem es kein Entkommen gab. Tag und Nacht wurde das Gefängnis sorgsam bewacht. Als der König schon den vierten Monat im Gefängnis war, verlor er langsam die Hoffnung, dass er überhaupt noch einmal davonkam.

Eines heißen Sommertages ersuchte der König seine Kerkermeister darum, das städtische Bad bei der Karlsbrücke besuchen zu dürfen. Sie erlaubten es ihm, aber vier Wächter bewachten ihn, einer blieb bei der Haustür, einer bei den Königskleidern und zwei gingen in das Bad mit ihm. Nach dem Bad ging der König, verhüllt in ein

Badetuch, an den steinernen Balkon. Es war ein schöner Sommertag, die Sonne schien am wolkenlosen Himmel wie frisch gebadet, die Vögel zwitscherten und über die Karlsbrücke gingen Leute unbesorgt ihren Geschäften nach. Wenzels Herz ging auf von der Schönheit, der Schönheit der Freiheit, dank der ein Vogel losfliegen und ein Bettler gehen kann, wohin er zu gehen begehrt. Nur dem König - nur ihm - war diese Freiheit versagt. Wenzel schaute traurig über den Fluss zur Prager Burg. Sie war so nah, und doch gab es keine Möglichkeit, zu seinen Getreuen zu gelangen. Wie er sich so über dem Ufer umschaute, erblickte er unter dem Balkon ein angekettetes Boot. Plötzlich trat die junge Barbierin, die den König beim Bad bedient hatte, auf den Balkon. Der König winkte ihr zu, sie solle näher treten, und fragte sie leise nach ihrem Namen. Das Mädchen erkannte den König, ehrfurchtsvoll verbeugte sie sich und sagte: „Man nennt mich Susanne, mein Herr, und ich werde alles tun, was du willst."

„Siehst du das Boot, Susanne?" zeigte der König ans Ufer. Als das Mädchen nickte, flüsterte er: „Fahr mich mit ihm zum anderen Ufer. Tust du dies, wirst du Zeit deines Lebens keine Not leiden!"

Das Mädchen dachte eine Weile nach. Dann nahm sie flink das Laken in ihre Arme, das auf dem Balkon getrocknet wurde, und band es sich mit festen Knoten um. Dann kletterte es an ihm vom Balkon hinunter. Susanne kettete das Boot los, setzte den König hinein und ruderte schnell zum dichten Gebüsch am anderen Ufer. Als nach einer Weile die Wächter auf den Balkon traten, erwartete sie eine große Überraschung. Sie schlugen Alarm und brachten die ganze Umgebung in Aufruhr, doch der König und Susanne waren schon lange in Sicherheit am anderen Ufer, verborgen in Gesträuch und Dickicht. Sowie sich der Aufruhr ob der Flucht im Bad gelegt hatte und es zu dämmern begann, machten sie sich auf den Weg durch das Schilf stromaufwärts, wo sie ein weiteres Boot fanden. Susanne fuhr den König darin bis in die Nähe von Kunratitz, wo Wenzel oft auf die Jagd gegangen war, und die dortigen Wälder gut kannte. Im Mondlicht gelangten sie sicher an den Kunratitzer Wald, wo die königliche Neue Burg stand. Der Burggraf erkannte im Ankömmling den heruntergekommenen König und nahm ihn mit aufrichtiger Freude und gebührender Hochachtung auf. Als sie nun eingehüllt in warme Decken im sicheren Hafen des Burgsaals saßen, rief der König den Schatzmeister zu sich und ließ Susanna hundert Goldstücke auszahlen.

„Ich weiß, dass dein Dienst noch mehr wert war“, sagte Wenzel. „Du hast mich nicht verraten, als mich meine Getreuesten verrieten. Gib mir ein wenig Zeit und ich werde dich gebührend belohnen.“

Nach einiger Zeit legte der König seine Streitereien mit den böhmischen Herren bei und erneuerte die königliche Macht in vollem Maße. Dann entlohnte er die Barbierin wirklich königlich, ließ das alte Bad bei der Karlsbrücke abreißen, errichtete an seiner Stelle ein neues und widmete es ihr. Zudem gab er auch noch mehr Geld. Er vergaß auch nicht ihr Handwerk, das bis dahin unter den ehrenhaften Zünften ganz hinten rangierte: er erließ eine Verordnung, die das Baderhandwerk auf die gleiche Stufe mit den ehrenhaften Handwerksberufen stellte und erlaubte den Barbieren ein neues Zeichen zu verwenden - ein kreisförmig gewickeltes Handtuch mit einem Eisvogel auf goldenen Feld darin, dem persönlichen Zeichen von König Wenzel. Und damit die Menschen nicht die mutige und treue Susanne vergaßen, ließ der König ihr Ebenbild auf das Gewölbe des Altstädter Brückenturms malen, wo es bis heute zu sehen ist.

Der vergessene Schatz

Klementinum - Clementinum, Křižovnická - Kreuzherrengasse 2

Nach der Prager Burg ist das Klementinum die weitläufigste Ansammlung von Gebäuden mit insgesamt sechs Innenhöfen, zwei Kirchen und zwei Kapellen. In der zweiten Hälfte des 16. Jahrhunderts errichtete es der reiche Jesuitenorden. Als im Jahre 1773 Papst

Clemens XV. den Jesuitenorden auflöste, mussten die Jesuiten das Klementinum verlassen. Viele von ihnen aber glaubten, dass sie bald nach Prag zurückkehren würden.

Zur gleichen Zeit wohnte in einem Haus an der Moldau ein armer Maurer. Eines Abends klopften zwei Männer an seine Tür, eingehüllt von Kopf bis Fuß in schwarze Kleider und Mäntel, die Hüte tief in die Stirn gezogen. Und fragten ihn, ob er nicht ein gutes Geschäft machen wolle? Dem Maurer behagten die Männer nicht besonders, doch es gab wenig Arbeit und Kinder wie Orgelpfeifen und so willigte er ein. Die Männer forderten ihn auf, sein Maurergerät zu nehmen und sich zu ihnen in die Kutsche zu setzen, denn die Arbeit müsse bis zum Morgen fertig sein. In der Kutsche band einer der Männer dem Maurer ein Tuch über die Augen, damit er nicht wusste, wohin sie fuhren, der andere trieb die Pferde an und los ging die Fahrt. Eine Weile ratterten die Räder der Kutsche über das holprige Pflaster, bald rutschten sie auf schlammigem Weg, bald quietschten sie an einem Stein. Sie fuhren weit, bis der Maurer nicht mehr abschätzen konnte, in welchem Teil der Stadt sie sich befinden konnten. Schließlich hielt der Kutscher an. Die Männer führten ihn in ein Haus und dann über eine steile Treppe irgendwohin in einen Keller, wo sie ihm das Tuch abnahmen. Als sich die Maureraugen an das Licht der rußigen Fackeln gewöhnt hatten, sah er, dass er sich in einem Kellergewölbe befand. Vor ihm war eine Mauer und in ihr eine Öffnung in einen benachbarten Keller, gerade groß genug, dass sich ein Mensch hindurchzwängen konnte.

„Diese Mauer muss zugemauert werden. Wenn du dich beeilst, wirst es dir nicht zum Nachteil werden", brüllte einer der Männer. Alles stand schon bereit, ein Haufen Ziegel und auch der angerührte Mörtel, und so machte sich der Maurer an die Arbeit. Es war nicht zu übersehen, dass im Nachbarkeller ganze Stapel von Kisten, die vom Boden bis zur Decke aufeinander getürmt waren, waren und keine Tür. Als er die Arbeit beendet hatte, verbanden ihm die Männer die Augen, führten ihn aus dem Kellergewölbe, setzten ihn in die Kutsche und wieder ging es über Stock und Stein. Als es zu dämmern begann, stand der Maurer bei seinem Haus. Die Vermummten zahlten ihm fünf Golddukaten aus. Ein königlicher Lohn für eine solche Arbeit, dachte sich der überraschte Maurer.

„Die Entlohnung ist nicht nur für das Maurerwerk", sagte einer der Männer, als ob er seine Gedanken las, „sondern auch für dein

Schweigen. Wenn sich beim Spaziergang deine Zunge löst und du jemandem sagst, was du in der Nacht getan hast, wirst du der Strafe nicht entgehen!“

Das leicht verdiente Geld in der Hand ließ den Maurer frohlocken, und so versprach er gern, niemandem ein Wort davon zu sagen. Nach der durchwachten Nacht war er müde, ging sogleich schlafen und die Geschichte machte ihm kein Kopfzerbrechen mehr.

Nach einer Weile begann man in Prag zu erzählen, dass die Jesuiten vor dem Weggang ihr gesamtes Vermögen übergeben mussten, doch es bei weitem nicht so groß wie erwartet war. Und dass angeblich irgendwo in den Mauern des Klementinums ein großer Teil ihres Gold- und Silberschatzes verborgen sei. Als der Maurer dies hörte, ging ihm ein Licht auf. Die geheimnisvollen Unbekannten damals in der Nacht, das waren sicherlich Jesuiten, überlegte er. Und mit der Kutsche fuhren sie mich hin und her, um mich zu verwirren! Er war nicht müßig und begab sich heimlich in den Keller des Klementinums, um dort die vermauerte Öffnung zu finden. Doch so wie beim ersten Mal, kehrte er unverrichteter Dinge zurück, auch als er ihn zum zweiten und zum fünften Mal suchte. Und wer weiß, vielleicht wartet der vermauerte Schatz im Keller des Klementinums auf seinen Entdecker bis heute.

Der versteinerte Lausebengel

Kostel sv. Martina ve zdi – Kirche des Hl. Martin in der Mauer,
Martinská – Martinsgasse 8

Die Kirche des Hl. Martin ist eine der ältesten in Prag. Sie wurde im 12. Jahrhundert gegründet und einst lehnte sie tatsächlich an der Schanzmauer der Altstädter Befestigung, woran ihr Name erinnert. Vor langer Zeit kletterten oft Lausebengel auf ihr Dach und nahmen kleine Taubenjungen aus den Nestern. Einmal setzte sich gerade ein Spitzbube auf den steinernen Pfeiler knapp unterm Dach, trieb mancherlei Unsinn und schrie so laut vor den übrigen Jungen herum, dass ihn einer der Vorbeigehenden ermahnte. Der Junge zog jedoch nur eine Grimasse, weil er wusste, dass der Herr in dem schwarzen Mantel ihm nicht hinterher klettern könnte. Der Mann hielt inne, wandte sein Gesicht hinauf zu dem Knaben, erhob beide Hände und murmelte etwas – und in diesem Augenblick wurde der Junge zu Stein. Er kniet am linken Pfeiler an der Rückseite der Kirche und grinst uns aus der Höhe an. Und er hört und hört nicht auf damit, der Lausebengel!

Der zottige Geist

Kaple sv. Kříže Menšího – Kapelle des kleineren Hl. Kreuzes,
Karoliny Světlé – Karolína-Světla-Gasse

Die älteste Prager Rotunde des kleineren Hl. Kreuzes steht an der Ecke des Konviktgasse und der Karolina-Světlá-Gasse und stammt aus dem 11. Jahrhundert. Es wird erzählt, dass in ihrer Umgebung ein mit Fell behaartes Ungetüm mit langem Haar und Bart spukte. Neben der Kapelle steht in der Konviktgasse ein kleines Haus, in dem einst die Nachtschenke „Zu den Jezuren" war, die viele Mädchen mit schlechtem Ruf zu besuchen pflegten. Auf die hatte es der zottige Geist abgesehen: er stürzte aus finsteren Winkeln hervor, sprang ihnen auf den Rücken, würgte sie mit den Händen und seinen langen Krallen. Einer Unglücklichen biss er angeblich sogar die Nasenspitze ab.

Als die Schenke geschlossen wurde, ließ sich der Zottel in der Umgebung der Rotunde nicht mehr sehen. Man sagte, dass er sündiges Leben in der Nähe des heiligen Ort beim Hl. Kreuz bestraft habe.

Kleinseite

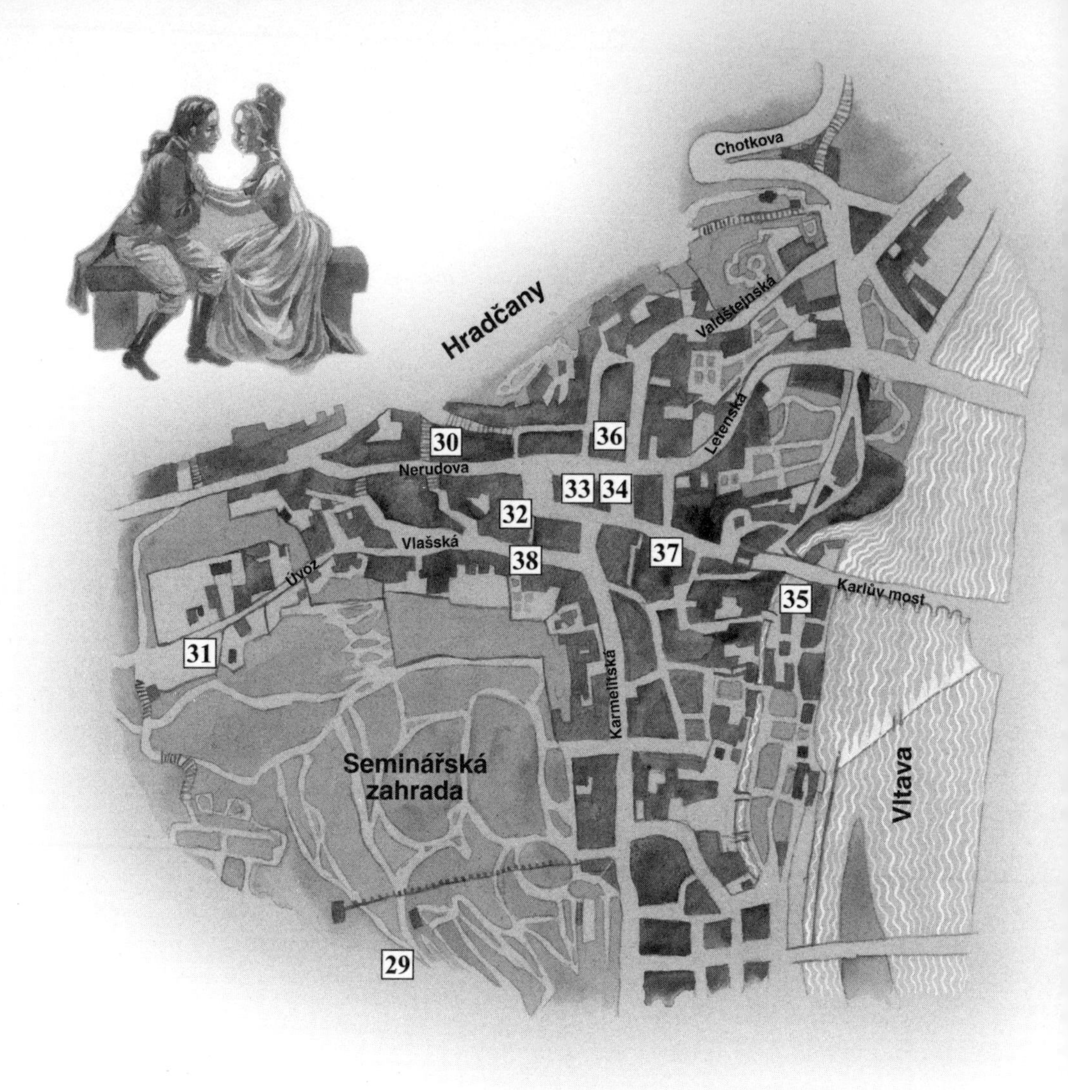

KLEINSEITE

29 Die Hungermauer
30 Die treue Liebe
31 Der Mönch mit dem Kopf unterm Arm
32 Das feurige Gerippe
33 Die sterblichen Überreste des Fürsten Wenzel
34 Der neugierige Jesuit
35 Das wundertätige Bild
36 Das Gerippe mit dem Nagel im Kopf
37 Die Glocke, die Unglück anzeigte
38 Die schöne Laura ohne Kopf

Die Hungermauer

Petřín – Laurenziberg

In einem Jahr unter der Regierung von Karl IV. suchte eine lange Trockenzeit das Land heim. Es folgte eine Missernte und dann gab es nichts mehr zu essen. Besonders in den Städten wurden Mehl und Brot so teuer, dass die Armen sie sich nicht mehr leisten konnten. Und so fingen viele an zu stehlen und zu rauben, damit ihre Familien nicht vor Hunger starben. In kurzer Zeit füllten sich die Kerker in Prag. Als Kaiser Karl IV. davon erfuhr, ließ er das arme Volk auf die Prager Burg rufen, wo er ihnen Kessel mit Suppe und Brotlaiber angerichtet hatte, damit sie sich satt essen konnten. Dann trat er vor sie und sagte: „Meine Beamten führen euch an einen Ort, an dem ihr Arbeit bekommt. Geld werde ich euch keines zahlen, doch ihr sollt Kleidung und Essen für euch und eure Familien bekommen."

Die königlichen Beamten führten das Volk dann auf den Laurenziberg und zeigten ihnen, wo sie mit dem Bau einer neuen Stadtbefestigung beginnen sollten, die sich vom Strahov über die Hänge des Laurenzibergs bis hinunter zur Moldau hinzog. An der langen und kräftigen Mauer, die bis heute steht, arbeiteten sie mehr als zwei Jahre lang, und ihr Bau gab Dutzenden von armen Familien Broterwerb. Und schon damals begann man sie die Hungermauer zu nennen, nach den zackigen Zinnen, die an die Zähne der Armen erinnern, die dank des weisen Kaisers etwas zu beißen hatten.

Die treue Liebe

Nové zámecké schody – Neue Schlosstreppen

Die Prager Burg kann man von der Kleinseite aus auf zwei Wegen besteigen, von der Nerudagasse aus oder über die Neuen Schlosstreppen. Die Neuen Schlosstreppen enden an der Rampe des Hradschin, von der man einen schönen Ausblick auf Prag hat. Dicht vor den Treppen stehen drei Steinfiguren und zwischen ihnen eine nicht allzu hohe Säule, die eine Statue der Jungfrau Maria trägt.

Einst wohnte im Schwarzenberger Palais ein reicher Beamter und wie es nun mal so ist, je mehr Geld er hatte, desto mehr fehlte es ihm an Güte und Freundlichkeit. Er hatte eine einzige Tochter Elisabeth und im Gegensatz zu ihm hatte sie Güte und Schönheit im Überfluss. So geschah es, dass Elisabeth sich in einen jungen Burschen verliebte, der mit seiner Mutter in einem Dachstübchen in der Sporngasse (Ostruhová ulice) wohnte. Als es Abend wurde, trafen sich die beiden unter der Statue der Jungfrau Maria unterhalb der Neuen Schlosstreppen. Von hier aus begaben sie sich auf die Hügel des Laurenziberges oder bummelten Hand in Hand durch die finsteren Kleinstädter Gassen. Die beiden gehörten wohl seit jeher zusammen, so ähnlich waren sie sich von Natur aus, doch das Schicksal war ihnen nicht hold. Es trennte sie der tiefe Abgrund des Vermögens und der Hartherzigkeit von Elisabeths Vater. Als die Tochter ihm anvertraute, dass sie einen Brautwerber habe, geriet er in Wut: „Einen Bettler hast du dir ausgesucht? Einem barfüßigen Lumpensammler soll ich meine Tochter geben, damit er mein Geld aus dem Fenster wirft? Einen armen Teufel nehme ich niemals in meine Familie auf!“

Seitdem führte der Vater Brautwerber zu, junge und alte, Hauptsache, ihre Truhen waren voll mit Geld, damit Elisabeth sich einen auswählen könne. Doch keinen von ihnen sah sie sich auch nur an und dachte nur an ihre Liebe zu ihm. Der Vater versuchte, sie mit Versprechen und Drohungen zu erweichen, ließ sie auf Schritt und Tritt bewachen und verbot ihr schließlich, das Palais zu verlassen. Doch auch dies half nicht. Sobald die Dämmerung eintrat, leuchtete im Fenster von Elisabeths Kammer ein Licht auf und sogleich antwortete ihm ein Licht aus der Dachstube des Burschen. Daraufhin stahl sich Elisabeth aus dem Palais und lief zu ihrem Liebsten, der unter der Statue der Jungfrau Maria auf sie wartete. Als Elisabeths Vater davon erfuhr, beschloss er, die Sache anders anzugehen. Er sprach sich mit einigen Beamten ab und richtete es so ein, dass sie Elisabeths Liebsten zum Heer einzogen.

Und so traf sich das Liebespaar unter der Steinfigur zum letzten Mal. Beide hatten Tränen in den Augen, drückten sich die Hände und waren verzweifelt ob der langen Trennung, so als wüssten sie schon, dass sie auf ewig dauern werde.

„Jeden Tag werde ich auf dich warten", versprach Elisabeth. „Jeden Abend werde ich aus dem Fenster schauen, bis du mir ein Zeichen gibst. Sobald in deinem Zimmer ein Licht aufleuchtet, komme ich an unseren Ort. So soll es sein, solange ich am Leben bin."

Am nächsten Tag zog der Bursche mit den Soldaten in ein fremdes Land und Elisabeth hörte nie mehr von ihm. Von Zeit zu Zeit trug sie ein wenig Geld zu seiner Mutter, doch auch diese hatte keine Nachricht vom Sohn. Jahre vergingen, die Mutter des Burschen starb, dann verstarb auch Elisabeths Vater und sie musste aus dem Palais ausziehen. Von ihrer neuen Wohnung aus konnte sie das Fenster des Dachstübchens nicht mehr sehen und so ging sie jeden Abend zur Steinfigur der Jungfrau Maria und wartete hier auf das Lichtlein in der Mansarde. Im Sommer wie im Winter pflegte sie dort zu stehen, im strömenden Regen wie im Schneegestöber, bei Hitze und im Wind. Ihr Haar wurde immer silberner, das Gesicht von Falten durchfurcht, doch Elisabeth bemerkte es nicht einmal. Sie ging immer in den gleichen Kleidern, die sie bei den Treffen mit ihrem Liebsten getragen hatte, gespannt wie eh und je schaute sie zum Fenster in der Mansarde hinauf und wartete, wartete und wartete.

Eines bitterkalten Wintermorgens fanden die Wächter unter der

Steinfigur der Jungfrau Maria über den Schlosstreppen eine Greisin, erfroren und verschneit. Ihr Gesicht war wie aus Marmor und auf ihm zwei glitzernde Tränen aus Eis.

Der Mönch mit dem Kopf unterm Arm

Úvoz – Hohle Gasse

In einem der Kloster auf der Kleinseite lebte einst ein Mönch, der leidenschaftlich gern Würfel spielte. Bei Dunkelheit stahl er sich aus seiner Zelle. Lief zur nächsten Schenke und spielte dort bis zum Morgengrauen. Dann kehrte er heimlich ins Kloster zurück. In einer nasskalten Nacht suchte ihn ein armer Kerl, vom Regen völlig durchnässt, direkt in der Schenke an der Brandstätte (Pohořelec) auf. Er bat den Mönch, zu seinem im Sterben liegenden Bruder zu gehen und ihn vor dem Tod mit den Sterbesakramenten zu versehen. Doch der Mönch hatte gerade eine Pechsträhne und brannte vor Ungeduld darauf, seinen Verlust wieder wettzumachen. Die Würfel klimperten über den Tisch, der Gewinn fiel mal dem einen, mal dem anderen zu, doch der Mönch ging ständig leer aus. Der Arme stand die ganze Zeit an der Tür, bis er nach einer Weile Mut fasste, den Mönch am Ärmel zog und sagte, dass es um seinen Bruder sehr schlecht bestellt sei. Der Mönch wies ihn jedoch unwirsch ab, genehmigte sich einen weiteren

Krug und vertiefte sich in das Spiel. Erst nach langer Zeit besann er sich, warf die Würfel wütend auf den Tisch und fragte den armen Kerl, wohin er denn eigentlich gehen solle. Vor der Schenke setzte er sich aufs Pferd und ritt durch die regnerische Nacht den steilen Weg durch die Hohle Gasse hinauf. Auf einmal flackerte ein Licht vor ihm auf und es war ein Seufzer zu hören. Der Mönch dachte sich sogleich, dass es das Seelchen des Kranken sei, der vergeblich auf ihn gewartet hatte, und so war es auch. Als das Licht vor dem Pferd flimmerte, wurde das Pferd scheu, die Hufe glitten ihm auf dem glitschigen Pflaster aus, es warf den Mönch aus dem Sattel und dieser zerschlug sich auf dem Pflaster den Kopf. Seitdem irrt der Mönch in winterlichen Nächten durch die Hohle Gasse, mit dem Kopf unterm Arm auf seinem Pferd sitzend, und seufzt. Doch niemand weiß ihm zu helfen.

Das feurige Gerippe

Jánský vršek – Johannesberggasse

Der Jánský vršek hat seinen Namen vom Kirchlein des Hl. Johannes, das einst hier stand. Später wurde es abgerissen und an seiner Stelle und auch an der Stelle des angrenzenden Friedhofs wuchsen neue Häuser in die Höhe. Aus dem Tor eines der Häuser fährt angeblich jeden Freitag um Mitternacht eine schwarze Kutsche mit kohlrabenschwarzen Pferden hinaus, in dem ein feuriges kopfloses Gerippe sitzt. Die Kutsche fährt mit großem Gepolter die Johannesberggasse hinauf und herunter, bis sie der Erdboden verschlingt. Man sagt, dass das

feurige Gerippe der Geist irgendeines Sünders sei, der nach seinem Tod keine Ruhe gefunden hat. Doch da niemand weiß, wie man ihn befreiten könnte, wird er wohl dort für immer herumfahren.

Die sterblichen Überreste des Fürsten Wenzel

Malostranské náměstí – Kleinseitner Ring

Drei Jahre nach der Ermordung des Fürsten Wenzel in Altbunzlau (Stará Boleslav) durfte man seinen Leib auf die Prager Burg überführen, um ihn dort in der St.-Veit-Kirche beizusetzen. Die Überreste des Fürsten fuhr man auf einem von einem Paar weißer Ochsen gezogenen Wagen, wohlbehalten kam man in Prag an, überquerte die Moldau und fuhr in Richtung Burg. Dort, wo sich heute der Kleinseitner Ring befindet, stand zu dieser Zeit ein Gefängnis. Vor ihm hielten die Ochsen plötzlich inne und wollten sich nicht mehr vom Fleck rühren, mochte der Kutscher auch machen, was er wollte. Jemandem fiel ein, der Grund dafür könnte sein, dass der Fürst Wenzel zeit seines Lebens immer streng darauf achtete, dass niemandem Unrecht zugefügt wurde. Und wenn der Wagen vor dem Gefängnis anhielt, saß dort

sicherlich ein Unschuldiger. Die führten also alle drei Gefangenen aus dem Kerker und tatsächlich - einem von ihnen fielen die Eisen von selbst von Händen und Füßen. In diesem Augenblick zogen die Ochsen an und der Wagen setzte sich in Bewegung. Alle staunten sich über dieses Wunder, und als der Richter den Fall dieses Verurteilten erneut überprüfte, befand er ihn für unschuldig. An Stelle des Gefängnisses wurde daraufhin ein Kirchlein des Heiligen Wenzel errichtet, das viele Jahre später dem Bau der Nikolauskathedrale weichen musste.

Der neugierige Jesuit

Kostel sv. Mikuláše – St.-Nikolaus-Kirche,
Malostranské náměstí – Kleinseitner Ring 25

Die Bauherren der herrlichen Nikolauskathedrale und des angrenzenden Professhauses waren Jesuiten. Ihr Orden war reich und mächtig. Deshalb konnten sie es sich erlauben, für den Bau des Doms die besten Baumeister und Künstler jener Zeit zu verdingen. Das Hauptschiff der Kathedrale sollte ein großes Gemälde mit dem Patron der Kaufleute, dem Hl. Nikolaus, zieren. Auf dem Bild sollte dieser auf den Hafen herunterschauen, während Kaufleute ihre Waren ausladen. Der Maler, den die Jesuiten deswegen ansprachen, nahm den Auftrag gerne an, jedoch nur unter einer Bedingung: niemand solle ihn beim Malen stören. Vielleicht wollte er sich nur auf sein außerordentliches

Werk konzentrieren oder er wollte mancherlei Schaulustige loswerden, die sich gerne in die Arbeit anderer einmischen.

Als der Maler schon längere Zeit gearbeitet hatte, hielt es ein neugieriger Jesuit nicht mehr aus und begab sich heimlich in die Kathedrale. Er kauerte sich hinter einen mächtigen Pfeiler und verfolgte mit angehaltenem Atem die Striche des Malerpinsels. Aus dem Augenwinkel bemerkte der Maler die Bewegung im Kirchenschiff. Und weil der Maler ein kleiner Spitzbube war, drehte er den Spiegel so, dass in ihm das neugierige Gesicht zu sehen war, und bildete mit schnellen Strichen das Gesicht des Mönchs auf den Putz ab. Dann wandte er sich um und rief hinunter: „Ich habe genau gesehen, wer mir hier heimlich nachspäht und mich beobachtet! Und für seine Neugier wird der Tausendsassa auch bestraft!“

Der Mönch erschrak sich zu Tode. Er hielt den Atem an und duckte sich noch mehr, und als es ihm so schien, dass der Maler wieder tief in seine Arbeit versunken war, stahl er sich mit vorsichtigen Schritten aus der Kathedrale davon. Wochenlang war ihm bange zumute, ob der Maler sich bei seinem Oberen beschweren und ihn die verdiente Strafe ereilen würde. Doch nichts dergleichen geschah und so atmete der Neugierige auf in dem Glauben, der Maler habe den ganzen Vorfall vergessen.

Als der Tag kam, an dem der Maler das Werk vollendete, versammelten sich alle Mitglieder des Ordens in der Kathedrale, um das Gemälde zu besichtigen. Sie sparten nicht mit Anerkennung, bis plötzlich einer von ihnen rief: „Schaut mal, dort hinter dem bemalten Pfeiler verbirgt sich ein Neugieriger - aber das Gesicht kennen wir doch gut!“

Alle schauten an die Stelle, auf die der Mönch zeigte, und erkannten ihren Bruder. Dieser errötete und wäre vor Scham am liebsten im Erdboden versunken. Der Maler erzählte mit einem Lächeln, wie das Gesicht des Mönchs auf das Gemälde gelangt war, und rief ein schadenfrohes und freimütiges Gelächter hervor. Der Gaffer aber hat sich bis heute auf dem Gemälde erhalten und schaut, hinter der Säule versteckt, auf die Besucher herunter.

Das wundertätige Bild

Na Kampě – Kampa 9

In der Nachbarschaft der Karlsbrücke steht auf der Kampa-Insel ein Haus, in dessen Schild ein Bild der Jungfrau Maria hängt. An beiden Seiten des Schilds hängen zwei Walzen. Man sagt, das Bild sei nach einem großen Hochwasser an die Kampa geschwemmt worden. Damals türmten sich an den Brückenpfeilern Holzhaufen, Trümmer von Häusern und Tierleichen, die den Durchfluss des Wassers behinderten. Der über die Ufer getretene Fluss strömte weit in die Straßen hinein. Er wirbelte an den Häusern vorbei, die wildesten Wirbel aber gab es im Flussbett. Aus sicherer Entfernung verfolgten die Prager das Hochwasser und bemühten sich, den Menschen und Tieren zu helfen, die die Strömung mitgerissen hatte. In der Krone eines schwimmenden entwurzelten Baums fing sich ein Stück Holzwand von einer Kate, an dem ein Bild der Jungfrau Maria hing. Der Besitzer eines Hauses auf der Kampa war sehr fromm und beschloss deshalb, das Bild zu retten. Er nahm das Boot und begab sich in das tobende Wasser, beinahe wäre er ums Lebengekommen, doch schließlich kehrte er beglückt mit dem unversehrten Bild zurück. Sobald er es ans Ufer getragen hatte, begann das Wasser angeblich zu fallen. Das gerettete Bild hängte man an einen Ehrenplatz im Hausschild, das mit dem Rücken zur Karlsbrücke hängt. Man sagt, dass die Jungfrau Maria auf dem Bild nicht nur dem Besitzer des Hauses Glück bringt, sondern jedes Mal auch die Bitten der übrigen erhört, die im Unglück das Bild um Hilfe anbeten.

Im selben Haus diente einst ein armes Mädchen vom Dorf. Das Bild schätzte sie hoch, sie verzierte es mit frischen Blumen und

achtete darauf, dass das ewige Licht darunter niemals verlöschte. Es begab sich, dass das Mädchen einmal die Wäsche auf einer alten schweren Mangelrolle bügelte. Ein Augenblick der Unachtsamkeit genügte und schon war ihre Hand zwischen die Walzen des schweren Geräts geraten. Das Mädchen rief voller Schmerz und Angst die Jungfrau Maria zu Hilfe, da hielt das Gerät wie von selbst an und das Mädchen konnte seine Hand völlig unversehrt befreien. Zum Gedenken an diese Begebenheit hängten die Besitzer des Hauses die beiden Walzen der Mangel seitlich des Bildes auf, um an das Wunder zu erinnern.

Das Gerippe mit dem Nagel im Kopf

Tomášská – Thomasgasse

In der Thomasgasse auf der Kleinseite wohnte vor langer Zeit ein Schlossermeister. Er hatte eine hübsche Frau, war fleißig und verstand sein Handwerk, und so ging es ihm gut. Weil die Arbeit ständig zunahm, nahm er sich einen jungen Gesellen in die Werkstatt zu Hilfe. Es dauerte nicht lange, da und pfiffen es die Spatzen von den Hügeln des Laurenzibergs, dass den Gesellen und die Frau des Meisters mehr als nur nachbarschaftliche Freundschaft verbindet. Nur der Schlosser ahnte nichts, er liebte seine Frau von Herzen und tat alles, was er ihr von den Augen ablesen konnte. Er wusste nicht, dass sich das Liebes-

paar nachts heimlich traf und schon verabredete, wie sie ihn am besten loswerden könnten.

Eines Morgens lief die Meisterin ganz verweint aus dem Haus. Angeblich sei ihr Mann unerwartet im Schlaf verschieden. Sie beweinte ihn, setzte ihn bei, wie es sich gehörte und trug eine zeitlang auch schwarze Trauer. Die Nachbarn bedauerten die junge Witwe und so kam es ihnen nicht einmal seltsam vor, dass bevor das Jahr um war, sie mit dem jungen Gesellen Hochzeit feierte. Eine Werkstatt konnte nicht lange ohne Meister sein, ebenso wenig eine Frau ohne Mann.

Einige Monate nach der Hochzeit verbreitete sich jedoch unter den Nachbarn die Nachricht, dass sich in der Schlosserei seltsame Dinge ereigneten. Es gab welche, die schwören konnten, dass sie den Seligen gesehen hatten, wie er um das Haus herumging, und gehört, wie er zeterte. Aber wer würde schon etwas auf das Geschwätz alter Weiber geben! Die jungen Eheleute lebten zufrieden und in geordneten Verhältnissen und der ehemalige Geselle betrieb sein Handwerk genauso ehrenhaft wie sein Meister. So gingen die Jahre ins Land. In dieser Zeit galt eine Verordnung, dass alte Gräber auf Friedhöfen nach sieben Jahren aufgelöst und ausgegraben wurden. Und so ließ man schließlich auch das Grab des Schlossermeisters ausgraben. Doch als unter den Schlägen der Hacke der Sarg auseinander fiel, sah der Totengräber, dass der Verstorbene einen langen rostigen Nagel im Schädel hatte. Da der Schlosser zu seinen Lebzeiten dichte Haare hatte, hatte bei seinem Begräbnis niemand etwas bemerkt. Der Totengräber meldete seinen Fund den Ämtern, und als die Knappen die Meisterin und ihren Mann holen kamen, leugneten diese die Tat nicht lange ab. Der Richter verurteilte die beiden zum Tod. Der arme Schlosser fand jedoch auch nach der Bestrafung der Mörder keine Ruhe. Als Gerippe mit einem Nagel im Kopf streift er angeblich in der Umgebung umher. Vielleicht würde er befreit werden, wenn ihm ein Teufelskerl den rostigen Nagel aus dem Schädel zieht, doch ein solcher Mensch hat sich noch nicht gefunden.

Die Glocke, die Unglück anzeigte

Mostecká – Brückengasse 14

In der Brückengasse unweit der Karlsbrücke steht das Haus „Zu den drei Glocken". Als vor mehr als dreihundert Jahren Arbeiter die Fundamente für seinen Bau legten, fanden sie in der Erde drei Glocken. Einst hingen sie im Turm des Bischofspalais, das an dieser Stelle stand. Der Besitzer bewahrte sie als kostbares Andenken auf und als das neue Haus fertig war, hängte er sie im Hof in einem kleinen Turm auf. Mit der einen Glocke, einer weißen, läutete die Dienerschaft zum Mittagessen, mit der Zweiten, einer roten, läuteten sie zum Abendgebet, und die schwarze Totenglocke setzten sie in Bewegung, wenn im Haus jemand gestorben war.

Einmal fuhr der Hausbesitzer auf eine weite Reise und die Frau blieb allein im Haus zurück. Auf einmal ertönte die Totenglocke von selbst. Die Herrin suchte ganz entsetzt nach den Schlüsseln des Türmchens, diese aber waren an ihrem Platz und keiner der Diener hatte den Glockenturm betreten. Das war ein böses Zeichen. Kaum war die Glocke verstummt, pochte ein Bote mit der schlechten Nachricht ans Tor: Dem Herrn war ein Unglück begegnet und er war auf der Reise verstorben.

Kaum hatte die Witwe den Gemahlen beerdigt, gaben sich Brautwerber an ihrer Tür die Klinke in die Hand. Die Herrin aber konnte ihren Mann nicht vergessen, und so wies sie alle Verehrer ab und

wollte nichts von einer neuen Heirat wissen. Lange lebte sie alleine, bis Trauer und Einsamkeit sie doch zu quälen begannen. Zu dieser Zeit begann ihr ein neuer Verehrer den Hof zu machen, ein Fremder und Kaufmann, dem es gelang, die Herrin mit Geschenken und süßen Worten für sich zu gewinnen, bis sie schließlich über beide Ohren in ihn verliebt war. Sie selbst schlug die Heirat vor, obwohl alle versuchten, ihr den voreiligen Schritt auszureden: kannte doch niemand ihren Zukünftigen noch wusste man etwas über ihn, nicht einmal sie selbst. Doch die Herrin ließ sich nichts sagen. Sie redete sich ein, die anderen würden sie nur beneiden, und schlug die gut gemeinten Ratschläge ihrer Freunde in den Wind. Und so fand im nächsten Sommer im Haus Zu den drei Glocken die Hochzeit statt. Auf dem Hof war unter freiem Himmel gedeckt, auf den Tischen türmten sich die Leckereien, die Musik war lustig und der Wein ging nicht aus. Spät in der Nacht, als die Gäste schon auseinander gingen, stand der Bräutigam mit einem Kelch in der Hand auf, um seiner Braut einen letzten Trinkspruch vorzutragen. Schon öffnete er den Mund, um etwas zu sagen, als die Totenglocke zu läuten begann. Sie rief mit ihrer metallenen Stimme und klagte so dringlich wie damals, als sie vor nicht allzu langer Zeit den Tod des ehemaligen Gemahls angezeigt hatte. Der Bräutigam erbleichte im Gesicht, begann zu taumeln und stürzte mit dem Kelch in der Hand zu Boden.

Als die Herrin ihren zweiten Mann beerdigte, ohne dass sie in ihr Eheleben auch nur einen einzigen Tag genießen konnte, erwartete sie eine Überraschung. Am Tag nach dem Begräbnis klopften Stadtwächter an das Tor. Sie kamen, um ihren Gemahl abzuholen. Denn er war ein Betrüger und Verbrecher. Und wäre er nicht durch einen unglücklichen Zufall zuvor verstorben, so hätten ihn seine Taten sicherlich an den Galgen gebracht. Seit diesem Tag wollte die Herrin von weiteren Brautwerbern nichts mehr wissen. Die Totenglocke und auch die beiden anderen Glocken schenkte sie lieber der Kirche des Hl. Laurentius auf dem Laurenziberg.

Die schöne Laura ohne Kopf

Karmelitská – Karmelitergasse 2 – 4

In der Karmelitergasse stand die Kirche der Hl. Maria Magdalena mit dem Kloster der Magdalenennonnen, das im 18. Jahrhundert aufgelöst wurde. Im Kloster wohnten später allerhand Leute: es übernachteten hier redliche arme Leute vom Land und auch herumfahrende Schauspieler, die gerade in Prag Halt machten. Wenn die Schauspieler ankamen, brachen im ehemaligen Kloster lustige Zeiten an: die langen Gänge hallten von ihrem Geschrei, überall hingen buntfarbene Kostüme und Roben und aus den verschiedensten Ecken waren Gesang, Streitereien oder leidenschaftliche Gespräche zu hören, wenn die Schauspieler ihre Rollen probten. Am lebhaftesten waren die Abende nach der Vorführung. Da gaben sich Verehrer und Brautwerber die Klinke in die Hand, um wenigstens aus dem Augenwinkel die schöne Laura zu sehen. Und die Schauspielerin Laura war wirklich schön: aus dem feinen Gesicht funkelten ihre schwarzen Augen, die Haare fielen ihr wie ein nächtlicher Wasserfall bis zur Hüfte und wenn sie lächelte, zog sich jedem Mann das Herz zusammen. Lauras Ehemann war auch Schauspieler und eine eifersüchtige Rolle musste er nicht erst einüben, weil er seine Frau vor den anderen wie ein Geizhals seinen Schatz hütete. Er rührte sich von ihr auch nicht einen Schritt weit weg, ständig beobachtete er, wer um sie herum scharwenzelte, den Verehrern machte er eine finstere Miene und die aufdring-

lichsten vertrieb er wütend. Laura durfte mit niemandem auch nur ein Wort sprechen und nicht einmal ein Geschenk oder einen Blumenstrauß entgegennehmen.

Je mehr der Eifersüchtige sie bewachte, umso mehr verwelkte ihre Liebe zu ihm. Und eben zu dieser Zeit tauchte ein neuer Verehrer von Laura auf, ein stattlicher junger Graf. Er kam zu jeder einzelnen Vorstellung, schon lange vor dem Beginn saß er in der ersten Reihe. Und sobald Laura die Bühne betrat, ließ er sie nicht mehr aus den Augen. Er wartete auf sie vor dem Theater, um sie wenigsten von weitem zu sehen, schickte ihr kostbare Geschenke und Körbe mit Blumen. Doch Lauras Ehemann war seiner Frau ständig auf den Fersen und so war der Graf ihm ein Dorn im Auge. Schon freute er sich darauf, dass sie aus Prag zur nächsten Station abfahren würden und er seine Frau wieder nur für sich haben würde.

Am Vorabend der Abfahrt begleitete der Ehemann Laura vom Theater nach Hause und machte noch einen Abstecher zu Freunden, um sich von ihnen zu verabschieden. Doch als er zurückkehrte, traf er Laura auf der Treppe. Langsam kam sie ihm entgegen, mit neuen Kleidern aus feiner Seide, um den Hals eine Perlenkette. Und als sie mit ihrer Hand den Schleier hob, klimperten an ihrem Handgelenk zarte goldene Armbänder, die er bei ihr noch nie gesehen hatte. Sie war so schön wie ein Traum, schaute ihn an und lächelte geheimnisvoll. Doch als sie den Ausdruck im Gesicht des Mannes erblickte, erlosch ihr das Lächeln auf den Lippen. Der Ehemann packte sie grob um die Hüfte und führte sie ins Zimmer zurück. Dann drehte sich der Schlüssel knirschend im Schloss und an diesem Abend sah sie niemand mehr.

Am Morgen war alles zur Abfahrt gerichtet, doch von Laura und ihrem Mann keine Spur. Man klopfte an die Tür, rief nach ihr, aus dem Zimmer war jedoch kein Laut zu vernehmen. Als sie schließlich die Tür aufbrachen, fanden sie Lauras Leib auf dem Boden in einer Blutlache liegen, und ohne Kopf. Das Haupt erhielt noch am selben Tag der junge Graf, eingewickelt in einem heruntergerissenen Vorhang. In dunklen Nächten erscheint die kopflose Laura angeblich im ehemaligen Kloster. Sie geht leise durch die finster gewordenen Gänge, nur das Geknister der Seide und das Geklimper der goldenen Armbänder verrät, wohin ihr Weg sie führt. Man sagt, sie werde so lange unglücklich herumirren, bis ihr jemand den verlorenen Kopf zurückgibt.

Hradschin

HRADSCHIN

39 Der Zauberer Žito
40 Däumling
41 Die Glocke am Turm des heiligen Veit
42 Die wundertätige goldene Lampe
43 Das Geläute für Karl IV.
44 Daliborka
45 Der Löwenhof
46 Das Schloss im Goldenen Gässchen
47 Der Baumeister des Palais Czernin
48 Die Ballschuhe aus Brotteig
49 Die Glocken der Loreto Kirche
50 Die Drahomírakluft

Der Zauberer Žito

Pražský hrad - Prager Burg

König Wenzel IV. hatte Gefallen an guter und lustiger Unterhaltung. Niemand aber konnte ihn so zum Lachen bringen wie sein Hofzauberer Žito. Dieser hatte es zudem auf den Narren des Königs abgesehen, der auf die Beliebtheit des Zauberers beim König eifersüchtig war und ihm hinter seinem Rücken Übel nachredete. Es wird erzählt, dass ihm Žito einmal bei einem Gastmahl an Stelle der Hände Pferdehufe anzauberte, und als sich alle schon halbtot gelacht hatten, verwandelte er sie noch in Ochsenklauen. Erst als der Narr herzzerreißend jammerte, gab Žito dessen Händen wieder seine menschliche Gestalt zurück. Einmal rüstete sich König Wenzel zur Ausfahrt. Auf dem Hof stand schon seine Kutsche bereit, doch von Žito noch immer keine Spur, obwohl der König ihm befohlen hatte, ihn zu begleiten. Der Zauberer tauchte erst im letzten Augenblick unter schrecklichem Zähnegeklapper und Gestotter auf - auf einem von einem Dreigespann schwarzer Hähne gezogenen Wagen! Der König wäre beinahe vor Lachen von der Kutsche gefallen und erlaubte dem Zauberer, ihn auf seinem sonderbaren Wagen durch Prag zu begleiten.

Einmal nahm sich Žito dreißig Korngarben und verwandelte sie in dreißig dicke Schweine. Die Schweine trieb er zum Verkauf auf den Markt und noch auf dem Weg fand sich ein Käufer, der habsüchtige Bäcker Míchal. Auf den Kauf einigten sie sich schnell, Žito ermahnte nur den Bäcker: „Merke dir aber gut, dass meine Schweinchen nie baden dürfen!“ Doch der Bäcker hatte seinen eigenen Kopf, winkte

mit der Hand ab und trieb die Schweine in die Furt. Kaum berührten die Schweine das Wasser, verwandelten sie sich wieder in Strohgarben. Der wütende Míchal machte sich sogleich auf, um den Zauberer zu suchen. Auf der Burg suchte er ihn vergeblich und auch auf dem Marktplatz, bis er ihn schlafend in einer Schenke fand. Doch wie wenn Míchal brüllte oder schimpfte, Žito wollte nicht aufwachen. Zornig packte ihn der Bäcker am Bein und wollte ihn gehörig schütteln, damit er endlich zu sich käme - doch das Bein blieb in seiner Hand stecken! Žito war im Nu aufgewacht und sogleich jammerte er und schrie wie ein Besessener, dass ihm der Bäcker jetzt ein ganzes Vermögen für das abgerissene Bein zahlen müsse. Was konnte der Bäcker tun? Die ganze Kneipe war Zeuge und so blieb ihm nichts anderes übrig, als Žito schön um Verzeihung zu bitten und ihm einen hübschen Batzen Geld für sein abgerissenes Bein zu geben. Žito heimste den Gewinn in seinen Beutel ein, berührte das abgerissene Bein und wie ein Wunder wuchs es ihm wieder am Leib an. Behände sprang er hoch, mit einem Lacher verließ er die Schenke und würdigte den jammernden Bäcker nicht eines Blickes.

Einmal bewirtete man auf dem Königshof einen bayrischen Herzog, der sich eigene Gaukler zur Belustigung mitgebracht hatte. Es waren wirklich vorzügliche Zauberer und König Wenzel wunderte sich mit dem ganzen Hof, welch großartige Kunststücke sie vorführen konnten. Als die Vorführung zu Ende war, ließ er Žito rufen, damit nun auch er seine Künste bewies. Doch führte Žito auch noch so geschickte Darbietungen vor, die deutschen Gaukler konnten es ihm immer gleichtun. Es gab nichts, womit Žito sie in den Sack stecken könnte. Den Zauberer verdross es ebenso wie den König. Am nächsten Tag, als die bayrischen Gaukler wieder vor dem König und Hunderten von staunenden Pragern auf dem Burghof ihre Künste vorführten, war Žito nicht aufzufinden. Die Leute munkelten schon, er schäme sich bestimmt dafür, dass er so etwas nicht selber schaffte. Auf einmal tauchte Žito in Begleitung seiner Gehilfen auf und schritt geradeswegs aufs Podium zu. Dort hielt er inne, wartete, bis die Menge verstummte und fing an, seinen Mund in riesiger und nie gesehener Breite auseinander zu ziehen. Die Leute verstummten, sie wussten nicht, was nun folgen werde. Plötzlich schnappten Žitos Diener einen deutschen Gaukler, hielten ihn fest, der Zauberer öffnete den Mund sperrangelweit und verschluckte den Deutschen! Das Publikum tobte unter Jubelgeschrei und bog sich vor Lachen, doch die Schau war noch nicht zu Ende. Dann brachten die Diener einen Bottich voll mit Wasser und Žito spuckte den bayrischen Gaukler in den Bottich wieder aus. Die Leute waren nicht zu beruhigen, König Wenzel lobte Žito vor allen und die bayrischen Zauberer fuhren, ganz errötet vor Scham, nach Hause.

Däumling

Pražský hrad - Prager Burg

Im Mittelalter war es Tradition, dass man auf jedem Königshof wenigstens einen Narr zur Belustigung des Königs und auch des ganzen Hofes hatte. Die Narren waren keine Trottel - sie mussten klug, geschickt und beredt sein und selbstverständlich durfte ihnen auch der Sinn für Humor nicht fehlen. Auch König Georg von Podiebrad (Jiří z Poděbrad) hatte seinen Lieblingsnarren, den Däumling, den man wegen seiner kleinen Gestalt so nannte. Däumling war lustig, gerecht und hatte Mitleid mit den Armen. Die Leute hatten ihn gern und im ganzen Land erzählten sich die Leute von seinen Kunststücken.

Unter den Höflingen hieß es, dass Däumling hochmütig sei und eine Vorliebe für neue Kleider habe - war er doch auch oft in einem neuen Rock und Mantel zu sehen. Aber die Verleumdungen hatten einen einfachen Grund. Als einmal der Däumling vom König neue Kleider bekommen hatte, traf er einen armen Wicht, schenkte ihm die Kleider und lief erneut zum König: „Bruder König, gib mir neue Kleider, weil ich die meinen gerade dem Herrgott geschenkt habe!"

„Red' doch kein' Stuss! Wo hast du denn deinen Herrgott getroffen und wie sah er denn aus?", lachte der König.

„Das ist einerlei, wer das gerade war, doch er war arm und brauchte neue Kleider. Ist denn nicht geschrieben, dass Gott sagt, was ihr auch immer für den Ärmsten tut, das tut ihr für mich? Und so habe ich meine Kleider eigentlich dem Herrgott geschenkt." Der König schüttelte den Kopf und erkannte an, dass Däumling Recht hatte. Er ließ ihm neue Kleider bringen und zwar jedes Mal, wenn ihn der Narr darum bat.

Wenn schönes Wetter war, begab sich Däumling gern hinaus aus der Stadt und trieb sich in den umliegenden Dörfern herum. Die Leute waren froh ihn zu sehen, weil er sich überall gleich wie zu Hause fühlte und Hand anlegte, wo es nötig war. Sobald es aber Zeit zum Essen war, verschwand er aus den Katen der Armen und schlich sich in die Küche eines Reichen. Niemals ging er leer aus, doch manchmal wehrte ein Reicher erst unwirsch ab: „Bruder Däumling, du willst bei uns essen, aber getan hast du gar nichts. Warum isst du dich nicht bei denen satt, für die du gearbeitet hast?"

Däumling erwiderte: „Glaub' mir, Bruder, wenn du einmal arm sein wirst, helfe ich auch dir, und wenn die Armen so reich sind wie du, dann geh' ich wieder zu ihnen essen!"

Einmal wurde auf dem Königshof zu Ehren eines hohen Besuchs ein großes Gastmahl veranstaltet. Däumling setzte sich ganz hinten bei der Tür an den Tisch, wo die weniger reichen und weniger noblen Gäste saßen. Als die Diener auf großen Platten Fische auftischten, servierten sie dem König und den bedeutenden Adligen die besten Hechte und Zander, doch die hinten an der Tür bekamen nur kleine Rotaugen. Däumling zuckte jedoch mit keiner Wimper. Er nahm sich den kleinsten gebratenen Fisch, legte ihn sich ans Ohr und fragte: „Weißt du nichts von meinen Bruder?"

Eine Weile hörte er hin, dann schüttelte er traurig den Kopf, legte den Fisch zurück auf die Platte, nahm sich einen anderen und stellte diesem dieselbe Frage. An den Nachbartischen bemerkte man bald das seltsame Gebaren des Narren, die einen lachten, die anderen wunderten sich, bis der König das Spektakel bemerkte und den Narren zu sich rufen ließ. Däumling eilte zum König, das Gesicht bekümmert und die Stirn voller Falten.

„Was treibst du hier, Däumling?", fragte der König.

„Bruder König, das ist so. Ich hatte einst einen Bruder, der war Fischer, doch vor Jahren ertrank er und niemand hörte mehr von ihm. So frage ich wenigstens diese Fische, ob nicht einer von ihnen etwas von ihm weiß."

„Und hast du etwas erfahren?", fragte der König, der schon ahnte, dass der Narr nur seinen Spaß mit ihm trieb.

„Ach wo, Bruder König. Die Fische bei uns auf dem Tisch sagen, dass sie noch zu klein sind, um etwas von meinem Bruder zu wissen, ihre Schwestern aber hier auf deinem Tisch viel größer seien und sich an mehr erinnern würden. Die könnten angeblich etwas wissen!" Der König fing an zu lachen und befahl, am Tisch bei der Tür die größten Fische aufzutragen.

So einer war der Narr Däumling. Klug und weise, scherzend und ernst erinnerte er den König daran, dass seine Berufung die Gerechtigkeit und das Mitleid mit denen ist, die nicht in Reichtum und Luxus leben. Als Däumling dann verstarb, so wird erzählt, verlangte es den König nach ihm so, dass er ihm kurz darauf folgte.

Die Glocke am Turm des heiligen Veit

Katedrála sv. Víta, Václava a Vojtěcha – Kathedrale der Hl. Veit, Wenzel und Adalbert, Pražský hrad – Prager Burg

Der St.-Veits-Turm ist mit seiner Höhe von 99 Metern der höchste von allen Prager Türmen. Er birgt die Sigismund Glocke, die größte in Böhmen. Sie ist zwei Meter hoch und wiegt 18 Tonnen. Es bedurfte eines Gespanns von sechzehn Pferden, um sie auf einem eigens dafür gefertigten Wagen auf die Burg zu ziehen. Als sie jedoch probierten, sie an das Seil zu hängen und auf den Turm zu ziehen, rissen auch die stärksten Stricke unter der Last wie Fäden aus feinem Garn. Der König brummte wie ein Bär. Was soll ich mit einer Glocke, die sich nicht in den Turm hängen lässt? Als seine Tochter dies hörte, sagte sie ihm: „Vertrau' mir die Aufgabe an, Papa, du wirst sehen, in ein paar Tagen wird die Glocke vom St.-Veits-Turm erschallen!"

Der König vertraute ihr die Aufgabe an und war neugierig zu sehen, wie sie sich zu helfen wusste. Seine Tochter war gebildet und klug, und oft brachte sie bei akademischen Debatten auch die besten Weisen und Gelehrten seines Hofs mit ihren klugen Reden zur Verzweiflung. Die Prinzessin ließ alle ihre Freundinnen herbeirufen und schloss sich mit ihnen in ihre Kammer ein. Diese schnitten sich ihre langen Haare ab und knüpften mit gewandten Fingern einen starken Strick daraus. Inzwischen saß die Prinzessin über einem Pergament und dachte sich einen gescheiten Mechanismus aus, der die Glocke unversehrt auf den Turm hinaufziehen könnte. Nach ihrem Plan fertigten Zimmerer und Schmiede eine ungewöhnliche Maschine an und brachten sie auf den Burghof.

An dem bestimmten Tag drängten sich Scharen von Pragern unter dem St.-Veits-Turm. Alle wollten sehen, was sich die Prinzessin

ausgedacht hatte. Viele begannen an ihrem Erfolg zu zweifeln, als sie den dünnen glänzenden aus Haaren geflochten Strick sahen. Doch als man die Glocke an ihm befestigte und sich die Maschine knirschend in Bewegung setzte, spannte sich das Seil und die daran befestigte Glocke begann, in die Höhe zu steigen. Sie stieg höher und höher, in den Augen der Zuschauer wurde sie immer kleiner und kleiner, bis sie an den Rand des Gerüsts bei den Fenstern des Turms gelangte, wo die Arbeiter zupackten und sie hineinschafften. Der Burghof hallte wider von Jubel und Hochrufen und die kluge Prinzessin stand am Fenster, winkte und lächelte.

Die Schilderung von der wundertätigen Maschine verbreitete sich bald im ganz Land, auch Baumeister und Gelehrte begannen, aus der Fremde zu kommen, denn sie wollten wissen, wie die Maschine konstruiert war. Doch die Prinzessin befahl, die Maschine in ihre Teile auseinander zu nehmen, damit niemand von ihrem Geheimnis erfuhr.

Die wundertätige goldene Lampe

Katedrála sv. Víta, Václava a Vojtěcha – Kathedrale der Hl. Veit, Wenzel und Adalbert, Pražský hrad – Prager Burg

Das wunderschöne Grabmal des Johann Nepomuk (Jan Nepomucký) im St.-Veits-Dom ist aus reinem Silber gefertigt. Neben anderen Kostbarkeiten zieren es auch wertvolle silberne Lampen. und unter diesen war angeblich auch eine goldene. Der Goldschmied, der

sie angefertigt hatte, geriet unverschuldet in Elend und schon drohte ihm eine Gefängnisstrafe. Er war verzweifelt und wusste nicht, wer ihm noch helfen könnte. Im Traum erschien ihm der Hl. Johann Nepomuk, der ihn ermunterte, in der Nacht in den Dom zu gehen und sich die goldene Lampe aus seinem Grab zu nehmen, sie zu verkaufen und aus dem Erlös seine Schulden zu bezahlen. Der Goldschmied aber war ehrsam und weigerte sich, so etwas zu tun. Als sich derselbe Traum drei Nächte hintereinander wiederholte, beschloss er, auf den Heiligen zu hören. Er machte sich bei Dunkelheit heimlich in den Dom auf und kaum kniete er sich bei dem Grabmahl des Heiligen nieder, um zuerst ein Gebet zu verrichten, begann die Lampe tiefer und tiefer zu schweben, bis sie sich auf seine Hand herabsenkte. In der Werkstatt schmolz der Goldschmied dann die Lampe ein und fertigte aus ihrem Gold schönen Schmuck, der sich gut verkaufen ließ. Seinen Gläubigern bezahlte er bald, was schuldig war, und entging so der Gefängnisstrafe. Dann eilte er in den Dom, um dem Hl. Johann Nepomuk zu danken. Doch als er zu seinem Grab kam, wollte er seinen Augen nicht trauen: die goldene Lampe hing dort, so als wäre nichts geschehen.

Das Wunder, das ihn vor dem Gefängnis bewahrt hatte, vergaß der Goldschmied nicht. Sobald er zu neuem Reichtum gelangte, fertigte er aus Dank eine noch schönere goldene Lampe an und ließ sie über dem Grab des Heiligen aufhängen. Doch eines Tages hing die ursprüngliche goldene Lampe über dem Grabmal nicht mehr. Sie war verschwunden, um der neuen Platz zu machen.

Das Geläute für Karl IV.

Starý královský palác – Alter Königspalast, Pražský hrad – Prager Burg

Als an einem Novemberabend des Jahres 1378 der Kaiser und König Karl IV. in seinem Palast auf dem Sterbebett lag, waren die Prager Burg und auch die ganze Stadt schweigend in Trauer versunken. Plötzlich erschallten die Glocken aller Prager Türme und vom St.-Veits-Turm läutete zudem die Sterbeglocke. In diesem Augenblick gab der König in seinem Palast den Geist auf. Als der Glöckner des St.-Veits-Turms den Klang der Sterbeglocke vernahm, war er verdutzt, denn die Schlüssel zum Turm steckten in seiner Tasche. Atemlos schloss er die Tür auf, lief auf den Turm hinauf und sah, wie die Sterbeglocke von selbst zu läuten begann, wie von Geisterhand geführt, und die übrigen Glocken sie dabei begleiteten. Ähnlich war dies auch bei alle Prager Türmen. Angeblich verabschiedete sich Prag so vom Kaiser, der ihr so viel Gutes gegeben hatte.

Daliborka

Zlatá ulička - Goldenes Gässchen, Pražský hrad - Prager Burg

Noch heute macht die Prager Burg den Eindruck einer mittelalterlichen Festung. Das wird besonders beim Ausblick vom Hirschgraben deutlich, von wo aus die gründlich durchdachte gotische Befestigung aus der Zeit des Königs Vladislav Jagellonský aus dem 15. Jahrhundert gut zu sehen ist. Hier stehen auch die Wehrtürme Daliborka, Weißer Turm und Mihulka. Wenn nötig, dienten die Türme auch als Gefängnis. In dieser Hinsicht erlangten die düsteren Kerkerzellen und das Hungerverlies im Daliborka Turm, der nach seinem berühmtesten Gefangenen benannt ist - dem Dalibor von Kozojedy -, den größten Ruhm.

Zur Zeit des Königs Vladislav II. herrschte im Land eine große Unordnung. Der König hatte seinen Sitz in Ungarn, nach Böhmen reiste er selten und so schlichtete jedermann seine Streitigkeiten auf eigene Weise: bald mit Gewalt, bald mit List, weil man eben vergeblich auf Gerechtigkeit wartete. Auf der Feste Ploschkowitz (Ploskovice) in der Nähe von Leitmeritz (Litoměřice) herrschte zu dieser Zeit der Ritter Adam Ploskovský, weit und breit berüchtigt für seine Grausamkeit. Seine Untertanen unterdrückte er so lange, bis sich die Armen gegen ihn auflehnten, auf die Burg zogen, sie mit Gewalt eroberten und den Ritter Adam gefangen nahmen. Unter Androhung des Todes zwangen sie ihn, eine Erklärung zu unterschreiben, dass er sie von seiner Herr-

schaft freigebe und sich nicht an ihnen rächen werde. Dann zogen sie ab und begaben sich freiwillig in die Leibeigenschaft des Nachbarn, des Ritters Dalibor von Kozojedy, der für seine gerechte und milde Natur bekannt war. Es wird aber auch erzählt, dass Dalibor sich die Finger nach der benachbarten Herrschaft geleckt und die Leute gegen den Herren Adam aufgewiegelt habe. Hatte er doch am Ende selbst den größten Nutzen davon. Aber wer weiß heute schon, wie das alles damals war! Sicher ist aber, dass - als die ganze Begebenheit den Landesherren zu Ohren kam - sie das königliche Heer nach Ploschkowitz sandten, dem Herren Adam den Besitz zurückgaben und den Ritter Dalibor in den Kerker auf der Prager Burg warfen.

Dalibor grämte sich in der ungemütlichen Kerkerzelle im Turm sehr. Damit er keine Langeweile hatte und nicht ständig an sein Unglück denken musste, bat er den Kerkermeister, ihm ein Musikinstrument zu besorgen. Nach einigen Tagen brachte der Kerkermeister ihm eine Geige. Seit diesem Tag probierte der Ritter von früh bis spät auf mancherlei Art mit dem Geigenbogen über die Saiten zu streichen, neigte die Geige bald auf die eine, bald auf die andere Seite und entlockte ihr Laute, ähnlich dem Katzengesang. Nach ein paar Tagen gelang es ihm schon klare, lange Töne zu bilden und sein Spiel verbesserte sich schnell. Nach einiger Zeit vervollkommnte Dalibor sich so, dass wenn er das Instrument in die Hand nahm, auch die hart gesottensten Kerkermeister und Wächter dem Wehklang seiner Geige lauschten. Bald wurde die Legende über ihn ruchbar und viele Prager gingen Abend für Abend zum Turm, um seinem Spiel zu lauschen. In den Korb, den er aus dem Fenster seiner Zelle im Turm herunterließ, legten sie ihm ein wenig Essen als Aufbesserung, manchmal auch Kleingeld oder warme Kleidung hinein. Besonders einige Jungfern kamen regelmäßig, lauschten dem Klagen von Dalibors Geige, seufzten, wischten sich Tränen ab und bedauerten den jungen Gefangenen aufrichtig.

Als sich die Volksmenge wieder einmal unter dem Turm eines Tages vergeblich versammelte, trat Stille ein. Dalibors Geige schwieg auch am zweiten und dritten Tag und da fragten die Leute den Kerkermeister danach aus, was mit dem Ritter geschehen sei. Dieser schüttelte nur traurig den Kopf und bestätigte ihre unglückselige Ahnung. Aus Angst davor, dass der Aufstand der Ploschkowitzer Untertanen anderen als Beispiel dienen könnte, verhängten die Herren die höchste

Strafe über Dalibor. Sie ließen ihn frühmorgens vor dem Gefängnis hinrichten, als alles noch schlief. Die Prager beweinten ihren liebsten Gefangenen und der Turm wurde nach ihm benannt.

Und was hatte es mit der Geige des Dalibors von Kozojedy tatsächlich auf sich? In Wirklichkeit konnte der Ritter im Gefängnis auf keiner Geige spielen, gelangte doch die erste Geige erst hundert Jahre nach Dalibors Hinrichtung nach Böhmen. Die auf die Sage zurückgehende Redensart, dass „die Not dem Dalibor das Geigenspiel beibrachte", besagt wahrscheinlich, dass ihn die Qual an den Foltergeräten zum Geständnis zwang.

Der Löwenhof

Jelení příkop – Hirschgraben

Die Monarchen und auch die Adligen hielten oft auf ihren Sitzen ihre Wappentiere - Löwen, Bären, Wildvögel und auch Pferde. Auch auf der Prager Burg wurden von alters her Löwen als Symbol des königlichen böhmischen Wahrzeichens gehalten. Unter Rudolf II. war den wilden Raubkatzen der Löwenhof in einer Ecke des königlichen Gartens vorbehalten. Außer vier Löwen und zwei Löwinnen hielten sie hier einen Tiger, einen Leopard und sogar einen Orang-Utan, aber auch viele allgemein bekannte Raubtiere wie etwa Wölfe, Füchse, Luchse und Wildkatzen. Einmal kam der König mit seinem

ganzen Hof dorthin, um einem Gesandten des türkischen Sultans das Tiergehege zu zeigen. Dieser lobte es zunächst höflich, dann hielt er vor dem Löwenkäfig inne, schaute sich nach den jungen Adligen des Königshofes um und sagte lächelnd: „Auch bei uns halten wir verschiedene wilde Tiere. Und wenn mein Herr und Herrscher den Löwenhof besucht, wird er immer von einem Höfling aufgefordert, ihm zu erlauben, mit dem Löwen zu kämpfen. Das ist ein alter Brauch, mit dem die Untertanen dem Sultan ihre Treue und Hochachtung ausdrücken."

Der Kaiser begriff, worauf der Türke aus war. Er blickte sich nach seinem bleich gewordenen Geleit um, doch niemand gebärdete sich, als ob er Lust hätte, ein ähnlich heldenhaftes Stück vorzuführen. Alle schauten betreten auf die Erde, hüstelten oder vertieften sich plötzlich in ein geselliges Gespräch. Bis aus der Schar der Adligen ein junger Ritter hervortrat, sich vor dem Kaiser verbeugte und um die Erlaubnis bat, mit dem Löwen zu kämpfen. Erfreut und huldvoll willigte der Kaiser ein. Da trieb der Wächter die übrigen Tiere hinaus und ließ im Käfig nur den stärksten und größten Löwen zurück. Der Ritter nahm eine leichte Lanze und betrat mutig den Käfig.

Der Löwe schaute ihn sich mit seinen gelben Augen an, wedelte auf die Erde gekauert mit dem Schwanz und brüllte zähnefletschend. Dann spannte sich sein Leib zu einem großen Sprung und der Ritter wich der Reichweite der Löwentatzen mit den scharfen Krallen nur um Haaresbreite aus. Gleich darauf holte der Ritter aus, und bevor sich der Löwe zu einem neuen Angriff rüsten konnte, stieß er ihm die Lanze geradewegs ins Herz. Der Löwe richtete sich auf den Hinterbeinen auf, brüllte vor Schmerz und daraufhin sackte sein lebloser Leib auf die Erde zusammen.

Die Höflinge sparten nicht mit Lob auf die Geschicklichkeit und Tapferkeit des Ritters und selbst der türkische Gesandte drückte ihm seine Hochachtung aus. Der Kaiser Rudolf belohnte die Tapferkeit des jungen Ritters an Ort und Stelle mit einer goldenen Kette, die er vom eigenen Hals abgenommen hatte. So wurde die Ehre der tschechischen Ritter gerettet.

Das Schloss im Goldenen Gässchen

Zlatá ulička – Goldenes Gässchen, Pražský hrad – Prager Burg

Das Goldene Gässchen ist wohl die berühmteste Gasse in ganz Prag. Von einer Seite sind die winzigen Häuser an die Schanzen gedrückt, so als würden sie ohne ihre Stütze jeden Augenblick auseinander fallen. Unter Kaiser Rudolf II. wohnten hier die Schützen der Burg mit ihren Familien. Als Josef II. das Korps der Burgschützen Ende des 18. Jahrhunderts auflöste, wurden die Häuser billig verkauft. Neben den Prager Armen waren ihre Bewohner allmählich verschiedenste Sonderlinge, Kartenlegerinnen und Wahrsagerinnen, die der Gasse den Anschein eines Mysteriums gaben. Auch Künstler und Schriftsteller bezauberte ihr Charme, und so mietete der Schriftsteller Franz Kafka im Jahre 1917 das Haus Nr. 22 als seine Arbeitsstätte an. Aber warum nennt man das Gässchen das Goldene? Es wird erzählt, dass König Rudolf hier auch seine Alchimisten unterbrachte, mittelalterliche Chemiker und Wissenschaftler, da er maßlos begehrte, die Kunst der Herstellung von Gold zu beherrschen.

Viele Jahre später zog ein unbekannter Greis in eines der kleinsten Häuser ein. Es war ein komischer Kauz, er sprach mit niemandem und ging nur selten aus seiner bescheidenen Behausung heraus. Dafür werkelte er drinnen ständig an etwas herum, aus dem Schornstein wälzte sich bald schwarzer, bald gelber oder blauer Rauch und in den kleinen Fenstern brannte das Licht bis spät in die Nacht. Wie so die Jahre ins Land gingen, gewöhnten sich die Nachbarn an den Eigenbrötler und sagten sich, es sei nur ein harmloser Narr.

Eines Nachmittags lief der Alte aus dem Haus heraus, seine Augen glühten, seine langen ungepflegten Haare und der Bart wallten nur so

im Wind, er fuchtelte mit den Händen über dem Kopf und rief: „Ihr Leutchen, ihr Leute! Ich hab' es geschafft, ich habe Gold hergestellt! Echtes Gold!“

Alle kamen herbeigelaufen, der Greis fuchtelte mit den Armen und murmelte etwas stotternd, bis er auf einmal erstarrte, sich mit beiden Händen an die Brust schlug und tot zur Erde stürzte. Weil er niemanden hatte, bestatteten ihn die Nachbarn in einem der gemeinschaftlichen Armengräber. Als daraufhin die Amtsleute das Haus durchsuchten, fehlte jede Spur von Gold, doch sie fanden Urkunden, denen zufolge der Verstorbene aus einem bekannten und reichen Adelsgeschlecht stammte. Bald darauf tauchte im Goldenen Gässchen ein Sohn des Greises auf und fragte die Nachbarn nach dem Leben seines Vaters aus. Seine Geschichte klärte dann so einiges auf. Vor Jahren hatte der Greis mit seinen Kindern und ihren Familien auf einem großen Schloss in Südböhmen in Frieden gelebt. Doch irgendwann setzte er sich in den Kopf, seinen Kindern einen geradezu märchenhaften Reichtum zu verschaffen. Er vertiefte sich deshalb in alchimistische Bücher und begann in seiner Kammer verschiedene Versuche anzustellen. Die Familie befürchtete jedoch, dass der Vater auf seine alten Tage den Verstand verlieren würde, und so hinderten sie ihn auf mancherlei Art daran, seiner Vorliebe nachzugehen und seine Versuche fortzuführen, bis der Alte eines Tages verschwand. Sie suchten ihn überall in Böhmen, doch nirgendwo fanden sie auch nur eine Spur von ihm. Niemand ahnte, dass der Greis sich ein Haus im Goldenen Gässchen angemietet hatte, um hier mit seinen Versuchen ungestört fortzufahren. Das Geheimnis des Goldes hatte er allem Anschein nach nicht entdeckt, und wenn doch, dann hat er es mit ins Grab genommen. Aber durch ihn gewann das Goldene Gässchen in seiner Geschichte einen wirklichen Adligen, der einst in ihr gewohnt hatte. Und einige Jahre nach dem Tode des Greises nannte man das kleinste Haus im Goldenen Gässchen nicht anders als - das Schloss.

Der Baumeister des Palais Czernin

Černínský palác – Palais Czernin, Loretánské nám. – Loretoplatz 5

Die monumentale, einhundertfünfzig Meter lange Stirnseite des Palais Czernin verziert den Loretoplatz seit dem Jahre 1669. Seinen Bau gab Humprecht Johann Czernin von Chudenitz, der kaiserliche Gesandte in Venedig, in Auftrag. Es wird erzählt, dass der Graf lange keinen Baumeister auftreiben konnte, der sich eines so prächtigen und weitläufigen Baus annehmen würde. Bis einer sich selbst bewarb, und als seine Skizzen dem Grafen auf den ersten Blick gefielen, ließ er dem Baumeister eine großzügige Anzahlung ausbezahlen und die Arbeiten konnten sogleich beginnen.

Der Baumeister sparte nicht am Geld des Grafen, unbesorgt zahlte er den Arbeitern und Handwerkern den Lohn aus und auch die Entgelte an Künstler, die das Palais mit Kunstwerken verzierten. Er war sich sicher, dass der Graf ihm den gesamten Betrag einschließlich des versprochenen Entgelts bezahlen würde, sobald das Palais fertig war. Als der Bau abgeschlossen war, rüstete sich der Baumeister, den Grafen auf seinem Herrschaftssitz aufzusuchen. Am Vorabend seiner Abfahrt bekam er jedoch die Nachricht, dass der Graf plötzlich verstorben sei. Nach dem Begräbnis ließ sich der Baumeister bei der Gräfin Czernin anmelden, legte ihr die Rechnungen vor und bat sie um ihre Bezahlung. Die Gräfin war jedoch entsetzt ob der Höhe des Betrages, den sie ihm auszahlen sollte. Sie wollte die vom Grafen unterzeichnete Urkunde sehen, die solch hohe Ausgaben für den Bau des Palais bestätigen würde. Doch der Baumeister hatte nichts Derartiges. Er verteidigte sich damit, dass er sich auf das Versprechen des Grafen Czernin verlassen habe, doch ohne Vertrag oder Zeichnung weigerte

sich die Gräfin, mit ihm zu verhandeln. Der Baumeister geriet in eine aussichtslose Lage. Er hatte keinen Pfennig mehr, war selbst bald verschuldet und bekam den Bau nicht bezahlt. Völlig verzweifelt vertraute er sich seinem Bruder an, der Mitglied in einem Geheimbund der Freimaurer war. Der Bruder nahm ihn zu einer Versammlung der geheimen Freimaurer mit und bat die Mitglieder des Geheimbundes um Hilfe. Die Anwesenden hörten ihn an, berieten sich eine Weile untereinander und dann forderte der Großmeister den Baumeister auf, den Vertrag so aufzusetzen, als wäre der Graf noch am Leben.

Zur nächsten Freimaurerversammlung brachte der Baumeister den Vertrag mit. Der Großmeister legte ihn auf einen kleinen Tisch am entfernten Ende des Saales, ließ alle Leuchter ausblasen und begann irgendeine Beschwörung in einer fremden Sprache herzusagen. Plötzlich erschien bei dem Tischchen im Halbdunkel die Gestalt des verstorbenen Grafen Czernin, der seine rechte Hand auf die Urkunde legte, dorthin, wo der Platz für seine Unterschrift freigelassen war. Nach einer Weile zog der tote Graf die Hand weg und verschwand. Als sie die Lichter wieder anzündeten, erhielt der Baumeister seinen Vertrag von dem Großmeister zurück. An Stelle der gräflichen Unterschrift war der schwarze Abdruck einer Männerhand zu sehen, so als hätte sie jemand auf die Urkunde gebrannt. „Zeige diesen Vertrag der Gräfin und du wirst sehen“, sagte der Großmeister.

Der Baumeister dankte, eilte zur Gräfin und zeigte ihr die Urkunde. Als diese den Vertrag durchging, erbleichte sie. Dann rief sie ihren Schatzmeister und ließ dem Baumeister alles Geld, das er verlangt hatte, bis auf Heller und Pfennig ausbezahlen.

Die Ballschuhe aus Brotteig

Černínský palác – Palais Czernin, Loretánské nám. – Loretoplatz 5

Im Palais Czernin wohnte angeblich einst eine hoffärtige und modenärrische Gräfin. So gut wie nichts war ihr gut und besonders genug. Sie musste Kleider mit Stickereien aus Gold und Silber haben, eingeführt aus dem fernen Orient, die kostbarsten Schmuckstücke mit Edelsteinen, rosafarbenen Perlen und Diamanten, Ballschuhe aus Schlangen und Vogelhaut, Mäntel, verziert mit Pelzwerk von Polarfüchsen und weißen Hermelinen. Aber sobald sie diese wertvollen Kleider und Schmuckstücke auch nur einmal getragen hatte, wollte sie dies um alles in der Welt nicht noch einmal tun.

Eines Tages richtete ihr Gemahl einen großen Ball aus. Die nobelsten Gäste von nah und fern wurden eingeladen, die besten Musikanten angestellt, ganze Armvoll von Blumen zur Dekoration des Tanzsaales bestellt, in das Palais kamen ganze Wagen mit den erlesensten Speisen und kostbaren Weinsorten gefahren. Die Gräfin jedoch nahm an den Vorbereitungen nicht teil. Ganze Tage lag sie verdrossen in ihrem Himmelbett und schikanierte die Dienerinnen und Kammerzofen. Sie hatte eine große Pein – die Kleider aus rosafarbener Seide, leicht wie ein Sommertraum, waren schon genäht, aber welche Ballschuhe sollte sie dazu anziehen? Vergeblich gaben sich die besten Prager Schuster an der Tür ihrer Kammer die Klinke in die Hand, zeigten das feinste

Leder und Stoffe aller Farben, doch nichts war ihr gut genug. Bis sie eines Morgens aufwachte, gähnte und sich von der Platte mit dem Frühstück ein Stück frisches Brot mit Butter und Honig nahm. „Ich hab's!" rief sie aus. „Ich will Ballschuhe aus Brotteig!"

Sie ließ sich den besten Schuhmachermeister rufen und trug ihm ihren Wunsch vor. Der Schuhmacher entsetzte sich ob eines solchen frevelhaften Einfalls. Von einem einzigen Ring der Gräfin könnte eine arme Familie ein gutes Jahr leben, für einen Laib Brot würde ihr eine arme Witwe mit Kindern die Hände küssen - und die Gräfin hatte sich in den Kopf gesetzt, ein Brot mit Füßen zu treten! Doch die verwöhnte Gräfin ließ sich ihren Wunsch nicht ausreden. Und so buk der Bäcker einen großen Laib Brot, der Schuster modellierte aus der weichen Krume Ballschuhe, verzierte sie mit Perlen und Gold und an dem Tag, an dem der Ball stattfinden sollte, ließ er sie der Gräfin auf einem samtenen Polster bringen. Diese brach in Jubel aus: „Solche Ballschuhe hat bestimmt noch niemand gesehen!" Sie freute sich, dass sie auf dem Ball wieder alle Aufmerksamkeit auf sich lenken wird, weil sie etwas hatte, was niemand sonst besaß.

Und so geschah es. Als sie den beleuchteten Saal betrat, hielten alle vor Bewunderung über ihre Kleider und Schmuckstücke den Atem an, geschweige denn, als sie sagte, in welchen Ballschuhen sie heute tanzen würde! Die Damen und Herren priesen lauthals die so einzigartige Idee, im Geiste sagten sich aber, sie gehe in ihrem Übermut nun aber zu weit. Die größten Komplimente machte der Gräfin ein fremder dunkelhäutiger Kavalier in einem Anzug aus teurem schwarzem Stoff. Der Gräfin taten seine Schmeicheleien sehr gut und so tanzte sie in unbekümmertem Gaudium jeden zweiten Tanz mit ihm. Als die Musikanten den letzten Tanz ansagten, führte sie der dunkelhäutige Fremde zur Tür des Saales. Und als sie sich wunderte, flüsterte er: „Ich will ihnen etwas einzigartiges zeigen, werte Gräfin, dass nur jemand wie sie zu schätzen weiß!" Die Gräfin beruhigte sich und der Unbekannte tanzte mit ihr zu den schwächer werdenden Tönen der Musik auch auf den Stufen weiter und dann die Stufen hinunter in das Kellergewölbe des Palais. Dort wollte sich die Gräfin schon von ihm losreißen, doch dieser funkelte nur mit den schwarzen Augen, ließ sie los und sagte leise: „Schau dir deine Ballschuhe an!"

In diesem Augenblick loderten aus den Brotschuhen Flammen hervor, die die Gräfin unerträglich brannten, doch was sie auch immer

anstellte, sie konnte die Ballschuhe nicht ausziehen. Wahnsinnig vor Schmerz und Schrecken lief sie ziellos in das Labyrinth der düsteren Gänge, klagte und schrie, doch durch die starken Mauern des Kellergewölbes hörte niemand ihr Rufen. Angeblich irrt die hochmütige Gräfin bis heute in den Kellern des Palais Czernin herum und jammert laut. Und der dunkelhäutige Kavalier? Wer anders konnte es sein als der Teufel selbst.

Die Glocken der Loreto Kirche

Loreto-Kirche, Loretánské náměstí – Loretoplatz 7

Einst lebte in der Neuen Welt auf dem Hradschin eine Witwe, die genau so viele Kinder hatte, wie auf den Türmen der Loreto Kirche Glocken waren. Sie lebten arm, doch die Armut machte ihr den Kopf nicht heiß, den größten Reichtum stellten für sie ihre schönen Kinder dar. Für die schlimmsten Zeiten bewahrte sie sich nur ein Band mit silbernen Scherflein auf. Und diese schlimmsten Zeiten traten eines Tages tatsächlich ein - in Prag breitete sich die Pest aus, gegen die es kein Heilmittel gab.

Zunächst erkrankte der älteste Junge und die Krankheit schritt schnell voran. In der Frühe befiel den Jungen das Fieber und am Abend des nächsten Tages starb er. Die unglückliche Witwe streifte ein Scherflein vom Band ab und brachte es zur Loreto Kirche, damit ihrem Ältesten wenigstens zum letzten Geleit die größte Glocke läutete. Daraufhin erkrankte ein weiteres Kind und starb bald

darauf. Das zweite Scherflein wanderte zur Loreto Kirche und es erklang eine etwas kleinere Glocke. Es erkrankte das dritte, das vierte Kind ... Bis die Witwe alle Kinder beerdigt hatte, und jedes von ihnen hatte das Geläute einer der Loretoglocken begleitet. Als die Witwe vom Friedhof zurückkehrte, auf den sie ihre jüngste Tochter begleitet hatte, spürte sie, dass auch sie krank war. Doch ihr selber war kein Scherflein mehr übrig geblieben, mit dem sie sich selbst läuten lassen könnte. Sie lag im Fieber auf dem Bett und als auch sie das Leben jeden Augenblick verlassen sollte, hörte sie, wie auf einmal alle Loretoglocken gleichzeitig erklangen. Sie läuteten von selbst, um die arme Mutter auf ihrem letzten Weg zu begleiten. Es war angeblich das erste Mal, dass sie so zu singen anfingen, und ihr Lied läuten sie bis heute.

Die Drahomírakluft

Loretánské náměstí – Loretoplatz

Die Fürstin Drahomíra war die Gemahlin des Fürstin Vratislav, mit dem sie zwei Söhne hatte: Wenzel und Boleslav. Als der Fürst gestorben war, nahm sich die Drahomíra der Herrschaft an, weil der erstgeborene Wenzel noch zu klein war. Wenzels Erziehung übernahm Vratislavs Mutter, die fromme Fürstin Ludmila, die sich bei ihrem Volke großer Beliebtheit erfreute: sie half den Armen, Witwen und Waisen, pflegte Kranke und gab großen Summen Geld

für die Tätigkeit der Kirchen und Klöster aus. Drahomíra war auf die Beliebtheit von Ludmila sehr eifersüchtig und es gefiel ihr auch nicht, dass die Schwiegermutter Wenzel zur Frömmigkeit führte. Obwohl auch Drahomíra eine Christin war, wurde heimlich geflüstert, dass sie im Verborgenen den heidnischen Göttern Opfer bringe. Von der Bosheit ist es nicht weit zu einer bösen Tat. Drahomíra wählte sich aus ihrer Gefolgschaft zwei Knappen aus, Tunna und Gomon, bezahlte sie und sandte sie zur Ludmila auf die Burg Tetín, um sie dort aus der Welt zu schaffen. Und so geschah es auch. Die Leute waren von dem Meuchelmord an der geehrten und beliebten Fürstin erschüttert. Drahomíra verehrte nun niemand mehr und die Leute gingen ihr aus dem Weg. Der kleine Wenzel bestieg den Thron, doch auch dann ließ Drahomíra nicht von ihrer Meuchelei ab. Sie wiegelte gegen Wenzel seinen Bruder Boleslav auf, der ihn später in Altbunzlau (Stará Boleslav) heimtückisch ermorden ließ. Seitdem fand Drahomíra nie mehr Ruhe. Sie hatte ihren Sitz bald auf dieser Burg, bald auf jener, doch die Gedanken an ihre bösen Taten verfolgten sie überall. Darum beschloss sie, Böhmen für immer zu verlassen.

Frühmorgens setzte sie sich angeblich auf der Prager Burg auf einen Wagen, den ein ihr ergebener Diener fuhr. Als der Wagen mit den Pferden an dem Ort des heutigen Loretoplatzes vorbeifuhr, erschallte die Glocke im Turm der kleinen Kapuzinerkirche des Hl. Matthäus, die zum Gebet rief. Der fromme Diener parierte die Pferde und sprang vom Wagen, um nieder zu knien und zu beten. Die Fürstin jedoch schrie ihn wütend an und befahl ihm weiter zu fahren. Auf einmal erzitterte die Erde, ein Donnerschlag ertönte, in der Erde öffnete sich eine weite Spalte und Drahomíra stürzte mitsamt Wagen und Pferden in die Tiefe. Als der Wagenführer sich vom Schreck erholt hatte, lief er zurück auf die Burg und erzählte, was geschehen war. Doch niemand bemühte sich, Drahomíra zu Hilfe zu kommen. Dort war angeblich für ganze Jahrhunderte ein bodenloser Abgrund und die Leute machten einen großen Bogen um ihn. Man sagt, dass nachts Flammen aus ihm züngeln und das verzweifelte Wimmern der Fürstin Drahomíra zu hören ist, die von hier aus geradewegs in die Hölle hinunterstürzte.

Josefsstadt - Judenstadt

JOSEFOV - JUDENSTADT

51 Die älteste Prager Synagoge
52 Der Rabbi und der Kaiser
53 Der Golem
54 Die Kinderpest
55 Der Tod im Tautropfen
56 Der arme Pinkas
57 Die Braut des Wassermanns
58 Die Goldstücke im Läppchen

Die älteste Prager Synagoge

Staronová synagoga – Altneusynagoge, Červená – Rote Gasse 2

Als die Juden nach Prag kamen, bestimmte ihnen der König einen Platz am rechten Ufer des Moldau, an dem sie sich niederlassen durften. Noch bevor sie mit dem Bau von Häusern für ihre Familien begannen, berieten sie sich, wie man am schnellsten eine Synagoge bauen könnte. Das Hin und Her hatte kein Ende, bis ein weiser Greis das Wort ergriff. Er riet den übrigen, auf der unweiten Anhöhe mit dem Graben zu beginnen. Tun sie dies, so würden sie angeblich sehen, wie sie zu einer Synagoge kommen können. Die Juden hörten auf ihn und machten sich sogleich an die Arbeit. Sie gruben die Anhöhe von seiner Kuppe her auf und trugen den Leim zum Fuße der Anhöhe. Als sie den oberen Teil des Hügels abdeckten, stießen sie auf die Spitze eines Daches. Dies verlieh ihnen Kraft für die weitere Arbeit und in ein paar Tagen gruben sie die ganze Altneusynagoge in der Gestalt aus, in der sie bis heute erhalten ist. Ob der großen Freude über den Fund wollten sie angeblich nicht mehr weiter graben und so steht die Synagoge zum Teil in die Erde versenkt. Und von ihrer Wiederentdeckung rührt angeblich auch der Name der Synagoge her - alt, aber dennoch neu.

Eine andere Sage erzählt, dass Engel aus ihrer ursprünglichen Heimat den Prager Juden die Altneusynagoge gebracht hätten, aus

Palästina. Die Engel befohlen aber streng, dass sich an ihrer Gestalt nie mehr etwas verändern dürfe. Und das wird wahrscheinlich wahr sein, weil immer, wenn die Juden etwas abändern wollten, etwas Schlimmes geschah, was sie von ihrem Vorhaben schließlich abhielt. Deshalb bleiben schon seit Jahrhunderten das äußere Aussehen und das Innere der Synagoge unverändert.

Der Rabbi und der Kaiser

Široká ulice – Breite Gasse

Zu den Zeiten des Kaisers Rudolf II. lebte in Prag der jüdische Gelehrte Jehuda Löw ben Bezalel. Er war berühmt für seine Weisheit und alle schätzten ihn sehr. Deshalb wählten sie ihn als ihren Rabbi, Lehrer und Oberen. Eines Tages gab der Kaiser jedoch eine Verordnung heraus, dass alle Juden Prag verlassen mussten. Im Ghetto bewirkte dies großen Jammer. Ist es denn etwa einfach, das Heim, das Gewerbe, die Gräber der Nächsten zu verlassen, sich mit der Welt abzuplagen und einen neuen Platz zum Leben zu suchen? Der Rabbi begab sich zum Kaiser, um ihm seine Absicht auszureden, doch die Wächter hatten den Befehl, ihn nicht in den Palast einzulassen. Der Rabbi überlegte, wie er mit dem Kaiser sprechen könnte und beschloss schließlich, auf der Karlsbrücke zu warten, über die der Kaiser regelmäßig zur Spazierfahrt fuhr. Als sich die Kutsche des

Kaisers näherte, streckte der Rabbi die Hände aus und stellte sich im geradewegs in den Weg. Die Pferde hielten vor dem Rabbi wie auf Kommando an und wollten sich nicht vom Fleck rühren. Des Kaisers Knappen kamen sogleich mit gezückten Waffen herbeigelaufen, doch vor dem Rabbi wuchsen sie gleichsam an der Erde an, unfähig auch nur eine einzige Bewegung zu vollführen. Die vorübergehenden Leute schalten ihn, er solle der Kutsche aus dem Wege gehen, und begannen Steine nach ihm zu werfen. Doch kaum berührten die Steine den Rabbi, da verwandelten sie sich in schöne bunte Blumen. Da beugte sich der neugierige Kaiser schon aus dem Fenster der Kutsche und der Rabbi trug ihm seine Bitte vor. Der Kaiser hörte ihn an und versprach, ihn am nächsten Tag in seinem Haus in der Judenstadt zu besuchen. Der Rabbi dankte, höflich verbeugte er sich vor dem Kaiser und machte den Weg frei. Die Kutsche setzte sich in Bewegung und die Knappen eilten ihr hinterher.

Von außen unterschied sich das Haus in der Breiten Gasse durch rein gar nichts von den einfachen Häusern der Bewohner der Judenstadt, vielleicht nur durch das Zeichen des steinernen Löwen, das über seiner Tür gemeißelt war. Doch als der Kaiser am nächsten Tag gefahren kam und das Innere betrat, wunderte er sich im Geiste darüber. Er ließ sich jedoch nichts anmerken. Es sah aus, als ob er sich in einen geräumigen Palast mit breiten Gängen gelangt war. An den Wänden hingen wertvolle Tapeten und goldgewebte Stoffe, die Stufen waren aus Marmor und auf dem Fußboden dämpften hohe Teppiche des Kaisers Schritte ab. Der Rabbi hieß ihn mit allen Ehren willkommen und führte ihn in einen prächtigen Saal, in dem sie sich zu einem reichhaltigen Mahl niederließen. Nach dem Abendessen unterhielt der Rabbi den Kaiser mit seinen Zauberstücken und zeigte ihm auch etwas noch nie Dagewesenes - eine gewisse Laterna Magika, mit deren Hilfe er an der Wand Bilder fremder Länder und Landstriche herbeizaubern konnte, darunter auch ein Bild des Hradschin mit der Prager Burg.

Der Besuch beim Rabbi überzeugte den Kaiser davon, dass der Oberste der jüdischen Gemeinde ein Mann von außergewöhnlicher Weisheit, Fähigkeiten und Reichtum sei. Seine Verordnung nahm er sogleich zurück und die Juden konnten in Prag bleiben. Seitdem pflegte der Rabbi auf die Prager Burg zu gehen, um dort Geschichten zu erzählen und mit den Gelehrten des Kaiserhofs zu diskutieren.

Im Gegenzug besuchten ihn diese wieder in seinem Lehrzimmer, besonders der Hofastrologe des Kaisers Tycho de Brahe.

Man sagte dann, dass weit weg von Prag, in einem fernen Land zur selben Zeit einmal ein ganzes Schloss verschwand. Nur für einen Tag und eine Nacht, tags darauf aber stand es wieder an seinem Platz. Aber wer würde denn schon so etwas Glauben schenken?

Der Golem

Staronová synagoga – Altneusynagoge, Červená – Rote Gasse 2

Dem weisen Rabbi Löw gelang es oftmals, verschiedene Gefahren abzuwehren, die die Bewohner der Judenstadt bedrohten, aber er wusste zugleich, dass er nicht ewig auf der Welt sein werde. Deshalb überlegte er, wie er seine Nächsten schützen und für die Zukunft vorsorgen sollte. Lange studierte er in gelehrten Büchern und wühlte in vom Alter gezeichneten Pergamenten, bis er fand, was er suchte. Er beschloss einen künstlichen Menschen zu schaffen, begnadet mit übermenschlicher Stärke, der den Juden in schweren Zeiten auch im Kampf gegen die Feinde helfen würde. In das Vorhaben weihte er seine begabtesten Schüler ein. Im Keller des Hauses des Rabbiners modellierten sie gemeinsam eine Gestalt aus Lehm in übermenschlicher Größe –

den Golem. Als sie fertig waren, wandte sich der Rabbi an einen seiner Schüler und sagte zu ihm: „Du hast den Mut des Feuers, geh' sieben Mal um den Golem herum und rezitiere laut die heiligen Wörter."

Der Schüler gehorchte. Als er zum ersten Mal um die Gestalt herumging, begann der nasse Lehm zu trocknen, als er zum zweiten Mal um sie herumging, begann der Golem Wärme auszustrahlen, bis er bei der siebten Runde rot erglühte.

„Jetzt lauf du, du hast die Natur des Wassers", sagte der Rabbi dem zweiten.

Der Schüler ging um den liegenden Golem herum, sagte dabei Beschwörungen her und die glühende Masse kühlte allmählich ab. Nach der siebten Runde nahm der Leib des Golems die Farbe und die Temperatur menschlicher Haut an.

Dann umkreiste der Rabbi selbst das liegende irdene Geschöpf. Mit lauter Stimme rief er die heiligen Wörter aus, nach der siebten Runde hielt er inne und legte dem Golem ein heiliges Schem in den Mund, ein Stück Pergament mit geheimen Zeichen. Alle warteten gespannt, was passieren werde. Golems Leib erbebte, seine Augen öffneten sich und nach einer Weile setzte er sich auf. Seine Größe war bedrohlich. Als er aufstand, berührten seine Schultern das Deckengewölbe. Er sah durchaus wie ein Mensch aus, nur sprechen konnte er nicht, weil das Geheimnis der Sprache das Heiligste ist, und so konnte nicht einmal der Rabbi sie ihm einhauchen. Dem Golem zogen sie Kleider an, welchen ansonsten Diener in der Synagoge tragen, der Rabbi führte ihn zu seiner Frau in die Küche und sprach zu ihr: „Ich habe einen neuen Diener eingestellt, sein Name ist Josef, er wird bei uns wohnen, in der Synagoge helfen und auch in unserem Haushalt."

Und so geschah es. Tagsüber half der Golem in der Synagoge oder saß auf einer Bank in des Rabbiners Küche, nachts zog er durch die Gassen des Judenghettos und gab Acht, dass niemandem etwas Schlimmes geschehe. Mit der Zeit genügte es, dass nur seine bedrohliche Gestalt auftauchte, und schon gingen die Leute, die böse Absichten hegten, ihm schnell aus dem Weg. Er war gehorsam, machte alles Nötige, nur manchmal gelang es ihm nicht, das richtige Maß zu finden. Und so kam es, dass er, als ihm die Frau des Rabbiners befahl, Wasser zum Bottich zu tragen, die ganze Straße unter Wasser setzte, und als sie ihn Äpfel holen schickte, er einen ganzen Stand samt der

entsetzten Marktfrau auf seine Riesenschultern auflud, damit des Rabbiners Frau selbst aus den Waren auswählen konnte.

Nur etwas musste Rabbi Löw ständig im Gedächtnis behalten. Vor dem abendlichen Gebet am Freitag in der Synagoge, mit dem der Schabbes, der samstägliche Feiertag der Ruhe und Erholung, beginnt, musste der Rabbi dem Golem den heiligen Schem aus dem Mund nehmen, damit auch er sich ausruhen konnte. Wenn er dies nicht täte, würde die gewaltige Kraft des Golems außer Kontrolle geraten.

Einmal erkrankte dem Rabbi seine jüngste Tochter. Sie lag auf dem Bett bleich und gleichsam leblos. Der bekümmerte Rabbi wußte sich keinen Rat mehr, wie er ihr Los erleichtern könnte. Weil es Freitag war und sich schon der Abend nieder senkte, ging er den Kopf voller Sorgen in die Synagoge zum Abendgebet und vergaß dabei völlig, dem Golem den Schem aus dem Mund zu nehmen. Inzwischen saß dieser auf der Bank, doch als die Zeit verstrichen war, zu der er sich zur Ruhe legen pflegte, stand er auf und begann in der Küche auf und ab zu gehen, von einer Wand zur anderen, immer schneller und schneller, bis er schließlich auf die Straße hinauslief. Dort begann er wie von allen guten Geistern verlassen Fenster einzuschlagen, hölzerne Aushängeschilder abzureißen und sie mit der Hand zu Kleinholz zu machen. Er rannte Türen ein und riss Bäume samt ihren Wurzeln aus der Erde. Als in seiner Nähe nichts mehr war, das er hätte zerstören können, kehrte er in das Haus des Rabbiners zurück, schlug die Möbel entzwei, warf das Geschirr auf den Boden, riss Bilder und Teppiche von den Wänden und tobte wie ein Besessener.

Der Rabbi begann in der Synagoge mit seinem Feiertagsgesang, als seine Dienstmagd hereinstürzte und jammernd berichtete, was geschehen war. Der Rabbi zögerte, da der Psalm, der den Schabbes eröffnet, schon gesungen war und von da an niemand mehr eine Tätigkeit verrichten durfte. Auf dem Spiel stand jedoch menschliches Leben, war doch der Golem nicht nur fähig zerstören, sondern auch zu töten. So rannte der Rabbi schnell aus der Synagoge zu seinem Haus, wo der Golem gerade mit der Axt in der Hand die letzten Möbelstücke zertrümmerte. „Halt, Josef!" rief der Rabbi mit mächtiger Stimme. Der Golem wurde im Nu zahm wie ein Schäfchen, setzte sich brav auf seinen Platz in der Küche, in der die Trümmer einer hölzernen Bank lagen, ließ sich den Schem aus dem Mund nehmen, und wurde reglos wie eine Steinfigur.

Dann kehrte der Rabbi in die Synagoge zurück und fuhr mit dem Gebet fort. Erneut sang er den Psalm, der die Ankunft des Schabbes ankündigte, von Anfang an. Seitdem wird in der Altneusynagoge der zweiundneunzigste Psalm zum Gedenken an dieses Ereignis zweimal hintereinander gesungen, nur in dieser und in keiner anderen Synagoge weltweit.

Als der Rabbi von der Abendandacht nach Hause zurückkehrte, begab er sich sogleich zu seiner kranken Tochter. Dies war - wie durch ein Wunder gesundet - nur noch ein wenig blass vor Schreck.

Rabbi Löw wusste sehr gut, was alles hätte geschehen können, wäre er nicht rechtzeitig eingeschritten. Schweren Herzens fasste er einen Entschluss. Er rief seine Schüler zu sich, die ihm geholfen hatten, den Golem zu erschaffen und machte sich mit ihnen auf den Weg zur Altneusynagoge. Dort befahl er dem Golem sich hinzulegen und die Augen zu schließen. Alle drei stellten sich hinter seinen Kopf und sagten die heiligen Sätze rückwärts auf. Dabei wurde der Atem des Golems allmählich schwächer, bis er schließlich vollends aussetzte. Dann nahm der Rabbi das Schem aus seinem Mund, ging rückwärts um seinen Leib herum und so machte es ihm sein Schüler nach. Golems Haut wurde allmählich grau, bis sie die Farbe gewöhnlichen Lehms annahm. Als auch der zweite Schüler sieben Mal um den Golem herumgegangen war, begann der Leib auf der Oberfläche zu platzen und zu zerbröckeln. Die reglose Lehmgestalt überdeckten die beiden mit alten Laken und Stoffresten.

Seiner Frau und den übrigen sagte der Rabbi am nächsten Tag, dass der Diener Josef die Stadt verlassen habe und nie mehr zurückkehren werde. Allen verbot er streng, den Dachboden der Altneusynagoge zu betreten, aus Angst, jemand könnte den Golem wieder zum Leben erwecken.

Und doch sollte Jahrhunderte später ein Unglücklicher dies versuchen.

Eines Tages erfuhr ein armer Student vom Golem. Er kam auf die Idee, dass ein solch kräftiger Diener zu Reichtum verhelfen könnte. Unermüdlich studierte er alte jüdische Schriften, bis er die heiligen Sätze fand, die zur Wiederbelebung des Riesen aus Lehm notwendig waren. Da machte er sich ein Schem mit geheimen Zeichen und begab sich in die Judenstadt. In der Nacht kletterte er auf den Dachboden der Altneusynagoge, zog die vermoderten Stoffe ab, reinigte Golems

Leib und legte ihm das Schem in den Mund. Nach einer Weile schlossen sich die Risse in Golems Leib, der Leib erglühte und Rauchwolken stiegen aus ihm empor. Dann erzitterte der Riese, öffnete die Augen, setzte sich und richtete sich schließlich auf. Plötzlich begann er zu wachsen, wurde immer mehr größer, bis er bedrohlich und mächtig wie ein glühender Berg von Lehm war. Der Student erschrak und riss dem Golem rasch das Schem aus dem Mund. Da erstarrte der Golem. Dann beugte sich sein gewaltiger Lehmleib langsam vor, stürzte schließlich auf den Studenten und begrub ihn unter einem Haufen trockenen Lehms.

Die Kinderpest

Starý židovský hřbitov – Alter jüdischer Friedhof, Široká – Breite Gasse 3

Die gefürchtetste Krankheit des Mittelalters war die Pest. Die Seuche breitete sich rasch aus und die Kranken starben zu hunderten und tausenden, da es keine Heilmittel gegen die Pest gab. Zu Zeiten Rabbi Löws brach auch in der Judenstadt die Pest aus. Sonderbar war jedoch, dass nur kleine Kinder starben, die Erwachsenen steckten sich nicht an. In der Synagoge wurde ständig für die Abwendung der Pestseuche gebetet, doch auch dies nützte nichts. Jeden Tag geleiteten unglückliche Eltern weitere Kinder auf den Alten jüdischen Friedhof

zur ewigen Ruhe. Bald wurde bekannt, dass die verstorbenen Kinder keine Ruhe haben. Angeblich würden sie nachts aus ihren Gräbern kriechen und auf dem Friedhof tanzen. Rabbi Löw hörte davon und fand heraus, wie er mehr darüber erfahren könnte. Er wies seinen mutigsten Schüler an, sich auf dem Friedhof zu verbergen und, sobald die Kinder um Mitternacht erscheinen sollten, einem von ihnen das Sterbehemd herunterzureißen und es ihm rasch zu bringen.

Der Schüler gehorchte. Er versteckte sich auf dem Friedhof hinter einem der ältesten Grabmäler und wartete. Kaum schlug es Mitternacht, begann sich der auf den frischen Gräbern gehäufte Lehm zu bewegen und aus den Gräbern krochen kleine blasse Gestalten in weißen Hemdchen hervor. Sie sprangen herum und jagten sich zwischen den Grabmälern so wie lebendige Kinder. Der Schüler fasste Mut, und als eines der Kinder an ihm vorbei rannte, riss er ihm mit einem Streich das Hemdchen vom Leib und sauste zum Hause des Rabbiners. Dieser nickte nur mit dem Kopf und dann warteten sie. Kaum schlug die erste Stunde nach Mitternacht, da klopfte jemand ans Fenster und es ertönte ein dünnes Stimmchen: „Gib' mir das Totenhemd, ohne das kann ich doch nicht ins Grab zurückkehren!"

„Ich geb' es dir, doch erst wenn du mir sagst, warum die Pest die jüdischen Kinder umbringt", sagte der Rabbi. Das Kind hinter dem Fenster antwortete ihm Gewimmer, Wehklagen und weiteren jammervolle Bitten. Doch der Rabbi war unbeugsam.

„Gut, dann werde ich es sagen", willigte schließlich das Kind ein. „Der Grund dafür ist, dass eine Mutter ihr Kind ermordet hat, und solange sie nicht bestraft wird, hört die Pest nicht auf zu wüten. Und auch wir, die wir gestorben sind, werden bis dahin keine Ruhe haben. Und jetzt gib' mir endlich mein Totenhemdchen zurück", bat das Kind. Der Rabbi öffnete das Fenster, warf das Hemdchen hinaus und das Kind verschwand.

Gleich am Tag darauf ließ der Rabbi die grausame Mutter ausfindig machen. Die Gemeindeältesten der Judenstadt beschlossen, dass sie ihre Tat mit dem Leben bezahlen musste. Als die Strafe vollstreckt war, hielt die Pest ein und seitdem erscheinen des Nachts auf dem Friedhof auch keine Kinder mehr.

Der Tod im Tautropfen

Starý židovský hřbitov – Alter jüdischer Friedhof, Široká – Breite Gasse 3

Rabbi Jehuda Löw ben Bezalel erreichte ein sehr hohes Alter. Angeblich war dem so, weil er einmal im Tor des Friedhofs einen großen blassen Mann mit einer Urkunde in der Hand traf. Sogleich erkannte er, dass es der Tod ist. Der Rabbi riss dem Tod schnell das Blatt Papier mit den Namen derjenigen aus der Hand, die in dieser Nacht sterben sollten, und zerriss es; unter den Namen, die darauf standen, war auch der seine gewesen. „Diesmal bist du entkommen," warnte ihn der Tod, „aber nimm' dich nur in Acht vor mir!", und lauerte ihm dann in verschiedenster Gestalt auf - als Fischer, der ihm einen Fisch anbietet, als Student, der sein Schüler werden wollte, oder in Gestalt einer fliegenden Taube. Doch der weise Rabbi erkannte den Tod stets und wich ihm aus. Schließlich jedoch sollte der Tod ihn besiegen. Einmal, als er sich in seinem Haus ausruhte, brachte ihm seine Lieblingsenkelin eine wunderschöne aufgeblühte Rose. Der Rabbi besann sich seiner gewohnten Wachsamkeit, lächelte seine Enkelin an, schloss die Augen und genoss den Duft der Rose in vollen Zügen. Sobald er ausgeatmet hatte, stürzte er tot zu Boden. So überwand auch ihn der Tod, der sich in einem Tautropfen auf einem der Blütenblätter der Rose verborgen hatte.

Es wird jedoch erzählt, dass der Rabbi bis heute nicht vollends verstorben sei. Zu seinem Grabmal auf dem Alten jüdischen Friedhof kommen seit Menschengedenken Leute und stecken ihm Briefchen

mit Wünschen in die Steinritzen, damit er sie erfülle. Der Rabbi sitze indes im Innern seiner Gruft und lese in alten Büchern. Erst in einigen Jahrhunderten werde ein Urenkel zu ihm kommen und sagen: „Großer Rabbi, die Frage ist gelöst!" Dann werde der Rabbi aufseufzen und zu Staub zerfallen.

Der arme Pinkas

Pinkasova synagoga – Pinkassynagoge, Široká – Breite Gasse 3

Vorzeiten lebte in der Judenstadt ein Armer namens Pinkas. Er handelte mit alten Kleidern, zum Unterhalt seiner vielköpfigen Familie reichte das aber nicht. Sicher wären schon alle verhungert, hätte dem Pinkas nicht ein reicher Graf, der wegen seiner Ehrlichkeit Gefallen an ihm gefunden hatte, manchmal mit etwas Geld ausgeholfen. Eines aber verdross den Grafen: Nie dankte ihm der Arme für das Geld. Stattdessen erhob er nur immer die Augen zum Himmel und rief: „Gott, ich danke dir, dass du mich in der Not nicht verlassen und mir geholfen hast!"

Als Pinkas vor den Feiertagen wieder einmal um Geld bat, gab der Graf ihm keins. Mit ernster Miene erklärte er ihm: „Diesmal hat auch mich die Armut ereilt, Pinkas. Aber Gott wird dir sicherlich helfen, wo du ihm doch jedes Mal so schön dafür dankst!"

Freudlos kehrte Pinkas nach Hause zurück und traurig war

auch seine Familie, als er mit leeren Händen dastand. „Das werden ärmliche Feiertage“, sagte Pinkas zu seiner Frau, als sie sich schlafen legten. „Doch ich glaube, dass Gott uns nicht vergessen hat und auch in dieser Not uns am Leben lassen wird.“

Doch es schien, dass Gott ihm dies Mal weder Geld noch Ruhe gönnen wollte. Mitten in der Nacht rissen klirrendes Glas und ein lauter Schlag Pinkas und seine Familie aus dem Schlaf - in ihr Kämmerchen flog eine kleine schwarze Gestalt hinein und fiel reglos auf den Boden. Pinkas sprang aus dem Bett und verdrückte sich in eine Ecke, die Frau versteckte sich unter der Bettdecke und mit Grauen vernahmen die beiden ein unheilverkündendes Gelächter von der Straße. Erst als seine Kinder vor Schreck in Tränen ausbrachen, fasste Pinkas sich wieder und betrachtete das reglose Bündel auf dem Fußboden. Es war ein toter Affe. Pinkas erinnerte sich daran, dass er einen solchen bei seinen Besuchen beim Grafen gesehen hatte. „Das hat uns gerade noch gefehlt! Jetzt wird sich der Graf zu allem Überfluss noch denken, dass ich vor Wut seinen Affen getötet habe!“, jammerte Pinkas. Er war ratlos, was er nun tun solle.

Seiner Frau fiel ein, dass sie den toten Affen am besten im Ofen verbrennen sollten. So verschwände er aus der Welt und niemand würde ihn beim Pinkas finden. Doch als Pinkas den Affen am Bein packte, um ihn in die Küche zu ziehen, klimperte etwas auf dem Fußboden. Eine goldene Münze! Sie musste dem Affen aus dem weit geöffneten Mund gefallen sein. Als sie den toten Affen aufschlitzten, fanden sie in seinem Bauch einen hübschen Batzen Dukaten. „Siehst du“, sagte Pinkas zur Frau, “Gott hat uns nicht verlassen und sorgt für uns!“

Daraufhin verbrannten sie den Kadaver des Affen und am nächsten Tag lief die Frau los, um Fleisch und Wein für die Feiertage zu kaufen. Als sie sich am Abend um den reich gedeckten Tisch versammelten, beteten und sich zum Essen rüsteten, pochte es an der Tür. Da kam der Graf, um zu sehen, wie Pinkas’ Familie ohne Geld ihre Feiertage feiere. Er wunderte sich sehr, als er die Stube betrat und auf dem Tisch so viel Speisen und Getränke standen. Und so schilderte Pinkas dem Grafen alles genauso, wie es sich zugetragen hatte. Er gab zu, dass sie den toten Affen verbrannt hatten, und dann brachte er aus dem Kämmerchen alle Goldstücke, die sie in seinen Eingeweiden gefunden hatten.

Doch der Graf war nicht ärgerlich: „Ich weiß, Pinkas, dass du meinen Affen nicht getötet hast, er ist mir schon vor einigen Tagen abhanden gekommen. Und ich denke, dass ich auch weiß, wie die Goldstücke in seinen Magen gelangt sind - ich bin es gewohnt, die Echtheit von Goldmünzen mit den Zähnen zu überprüfen. Der Affe sah mir einmal dabei zu und dachte, dass ich die Goldstücke herunterschlucke. So machte er es mir nach, schluckte das Geld hinunter und als sein Magen gefüllt war, verkroch er sich und starb. Die Leute fanden ihn tot und wollten dich erschrecken, indem sie ihn dir des Nachts ins Fenster werfen."

Das Geld nahm der Graf vom Pinkas nicht zurück. „Ich wollte dich bestrafen und war neugierig, ob Gott dir wohl helfen werde. Und tatsächlich hat er dir geholfen. Also soll es dir gehören!"

Das im Affenmagen aufgefundene Geld brachte Pinkas Glück. Er ging vernünftig damit um, erweiterte seinen Laden und wurde in kurzer Zeit reich. Stets erinnerte er sich aber auch an diejenigen, die nicht ein solches Glück wie er hatten. In der Straße, in der er wohnte, ließ er eine Synagoge errichten, die bis heute seinen Namen trägt.

Die Braut des Wassermanns

Zlatá ulice – frühere Goldene Gasse

Einst wohnte in der Judenstadt ein Rabbi, der eine schöne Tochter hatte. Hana war still und hatte die laute Gesellschaft der übrigen Mädchen nicht gern. Oft ging sie abends zum Fluss und saß an ihrem Lieblingsplatz zwischen Bäumen, deren Äste sich über die Oberfläche einer Flusstiefe beugten. Im Sommer streifte sie einmal ihre Kleider ab, setzte sich ans Ufer und kämmte ihre langen schwarzen Haare. Sie ahnte nicht, dass ein junger Wassermann sie dabei beobachtete, ganz verzaubert von ihrer Schönheit. Am Abend zeigte er sich ihr. Er sah wie ein Mensch aus, war wohlgestalt und anmutig, nur seine Haut war bleich und die Haare grün. Hana erschrak und wollte fliehen, doch als der Wassermann das Wort ergriff und ihr seine Liebe gestand, suchte sie ihn wieder in der Tiefe auf. Nach einiger Zeit verliebte sie sich in ihn. Doch die immer nur für eine kurze Weile geraubte Zeit reichte ihnen nicht mehr aus. Es verging kein Tag, an dem der Wassermann sie nicht zu überreden versuchte, von zu Hause zu fliehen, um mit ihm in seinem Palast auf dem Grund der Moldau zu leben. Eines Abends willigte Hana ein und kehrte nicht mehr nach Hause zurück.

Die Eltern suchte sie die ganze Nacht. Männer mit Fackeln durchsuchten das Ufer, einige davon mit langen Stangen, tasteten die Seichten am Ufer ab, ob sie nicht dort ihre ertrunkene Leiche entdecken würden. Doch Hana blieb verschwunden. Mit der Zeit fanden sich die Eltern mit dem Gedanken ab, dass Hana ertrunken war

und das Wasser ihren Leib weit stromabwärts an einen Ort getrieben hatte, an dem sie ihn nicht mehr finden würden.

Niemand wusste, dass Hana in der Zwischenzeit glücklich mit dem jungen Wassermann in einem schönen Haus aus dem Grund des Flusses lebte. Es mangelte ihr an nichts, von allem hatte sie genug und das Leben ohne Sonne, Vögel und Blumen ersetzte ihr die Liebe des Wassermanns gänzlich. Mit der Zeit stellte Hana fest, dass sie schwanger war. Sie bat den Wassermann, ihre Tante zu holen, die Hebamme war. Die Tante weigerte sich anfangs, dem sonderbaren Jüngling mit den grünen Haaren zu folgen, doch als sie hörte, dass Hana ihn schickte, packte sie alles Nötige in ihre Tasche und machte sich auf den Weg zum Fluss. Die Freude der beiden Frauen war groß, doch noch größer war die Freude aller, als die Tante dem Söhnchen des Wassermanns mit den grünen Haaren dazu verhalf, auf die Welt zu kommen. Bald wollte die Hebamme nach Hause und rüstete sich zur Rückkehr. Da riet Hana ihr: „Wenn der Wassermann dich fragt, welche Belohnung du haben willst, such' dir keine Perlen oder Edelsteine aus. Wünsch dir von ihm nur gewöhnliche Kohle."

Die Tante wunderte sich, doch sie tat, was Hana ihr gesagt hatte. In der Nacht führte der Wassermann sie aus dem Fluss und sie eilte mit einer Schürze voller Kohle nach Hause. Aber da in der Schürze hier und da ein Loch war, verstreute sie hinter sich Kohlestücke auf der ganzen Straße. Zu Hause warf sie die Schürze mit der Kohle in eine Ecke und ging sogleich schlafen. Morgens weckte sie ein großes Geschrei unter ihren Fenstern. Als sie hinausblickte, sah sie, die Leute Goldstücke von der Straße aufsammelten. Flugs lief sie los, um in ihre Schürze zu schauen - sie war voller Gold! Seitdem wurde die Gasse in der Judenstadt die Goldene Gasse genannt.

Die Goldstücke im Läppchen

Maiselova synagoga – Maiselsynagoge, Maiselova – Maiselgasse 8 und 10

Einmal hatte Jicchak, der Primas der Judenstadt, eine Reise unternommen und befand sich auf der Rückfahrt nach Prag. Seine Kutsche fuhr durch einen tiefen Wald, es dämmerte und im Wald war es schon stockfinster. So mussten die Pferde Schritt gehen. Der Primas schlief ein und wachte von Zeit zu Zeit auf, um aus dem Fenster zu schauen, ob er sich schon der Stadt näherte. Auf einmal sah er zwischen den Bäumen ein seltsames goldfarbenes Licht. Weil er neugierig war, ließ er anhalten, stieg aus der Kutsche aus und ging in die Richtung, aus der das Licht schien.

Als er näher kam, sah er aus einem Unterschlupf hinter einem Stein, dass der Schein von einem großen Haufen mit Geldstücken stammte, der ebendort lag. Daneben standen zwei Zwerge mit langen Bärten, sammelten die Gold- und Silberstücke auf und füllten ihre Säcke. Der Primas hatte zwar ein wenig Angst, doch da ihm die Neugier keine Ruhe ließ, verließ er sein Versteck, grüßte höflich und fragte, wem das Geld denn wohl gehöre.

„Dir nicht!" antwortete ein Zwerg barsch. Der zweite war gesprächiger, grinste Jicchak an und sagte:

„Sobald deine Tochter heiratet, wirst du erfahren, wem es gehört!"

Doch dem Primas reichte die Antwort nicht aus. Er überlegte eine Weile und dann bat er das Männlein, drei Münzen aus dem Haufen mit seinen zu tauschen. Denn ihm war eingefallen, wie er feststellen könnte, für wen der Schatz bestimmt war. Die Zwerge hatten nichts dagegen einzuwenden. Jicchak nahm drei Goldstücke aus dem Haufen und legte an ihre Stelle drei Goldstücke aus einem Beutel, den er am

Gürtel trug. Kaum hatte er dies getan, da erlosch der Schein und die Zwerge verschwanden mit dem Schatz in der Dunkelheit. Der Primas kehrte zu seiner Kutsche zurück, doch er sagte niemandem, was er gesehen hatte. Nach einer Weile ließen sie den Wald hinter sich zurück und die Stadt war in Sicht.

Am nächsten Tag plagte den Jicchak erneut die Neugier, so wie am Vorabend. Er nahm ein Geldstück von dem Schatz, band es in ein schmutziges Läppchen, dieses legte er vor sein Haus und passte den ganzen Tag auf, wer ihm das Bündel wegnehmen werde. Gegen Abend kam ein schmuddeliger Junge daher, flink nahm er das Bündel mit dem Goldstück an sich und bevor es sich der Primas versah, war er auf und davon. Am nächsten Tag wiederholte der Primas seine List und als abends der Junge wieder angelaufen kam, um das Goldstück aufzuheben und mitzunehmen, war ihm klar, dass dies kein Zufall war. Am dritten Tag wartete er erneut an derselben Stelle und spähte nach dem Jungen. Gerade hob dieser das Bündel auf, als der Primas ihn an der Hand packte.

„Verzeihen Sie, mein Herr, ich wusste nicht, dass ich etwas Schlechtes tue", verteidigte sich der Junge und war dem Weinen nahe. Er reichte Jicchak das Goldstück, damit er es wieder an sich nehme. Der Primas beruhigte den Jungen, nahm ihn mit ins Haus, gab ihm zu essen und fragte ihn aus, woher er denn komme und wo er wohne. Dann fragte er ihn, woher er denn gewusst habe, dass er drei Abende hintereinander ein auf die Straße geworfenes Bündel finden würde.

„Drei Nächte hintereinander hatte ich hatte den gleichen Traum", sagte der Junge, „dass ich zu ihrem Haus laufen und ein Goldstück in einem Bündel auflesen sollte, das vor ihm liegt."

Nun zweifelte der Primas nicht mehr daran, dass dem Knaben der Schatz gehörte. Der kleine Mordechaj Maisel, wie der Knabe hieß, gefiel ihm gut. Nach einiger Zeit besuchte der Primas dessen Eltern, die eine kleine Eisenwarenhandlung am Rand der Judenstadt hatten. Er bot ihnen an, dem Knaben Bildung und die gebührende Erziehung zu verschaffen. Die Eltern willigten gerne ein, hätten sie sich selbst doch so etwas nicht leisten können. Und so wuchs der kleine Mordechaj in der Familie des Primas Jicchak heran. Er war klug, fleißig und gelehrig und auch hässlich war er nicht, und so war es kein Wunder, dass sich ein paar Jahre später die Tochter des Primas in ihn verliebte. Der Primas hatte im Geiste darauf gehofft und richtete dem jungen Paar bereitwillig die Hochzeit aus.

Der Gedanke an den Schatz ging ihm jedoch nicht aus dem Sinn. Die Tochter hatte er verheiratet, na, und wo ist nun das Gold? Wochen und Monate gingen dahin und nichts geschah. Jicchak nahm den Schwiegersohn mit an den Ort, an dem er vor ein paar Jahren die Zwerge mit dem Schatz gesehen hatte. Er verriet Mordechaj aber nicht, warum sie in den Wald fuhren, und dachte: wenn das Geld schon nicht zu Mordechaj kam, dann sollte dieser vielleicht zu ihm gehen. Gemeinsam wanderten sie kreuz und quer durch den Wald, sie plagten sich den ganzen Tag, doch es passierte nichts.

Jicchak begann sich im Geiste zu ärgern, dass er sich hatte täuschen lassen und seine Tochter einem Armen zur Frau gegeben hatte. Doch schließlich gelang es ihm nicht, seinen Ärger länger zu verheimlichen. Dem Schwiegersohn war er so feind gesinnt, dass Mordechaj mit seiner Frau schließlich lieber aus dem Hause auszog. Er übernahm das Geschäft seiner Eltern und wurde in kurzer Zeit einer der besten Händler in der Stadt. Er wurde reich, doch nicht hochmütig, den Armen gab er Geld und für die Hilfesuchenden stand die Tür seines Hauses immer offen.

Da geschah es, dass im Sommer ein Bauer zu Mordechaj kam, der sich bei ihm Eisengeräte auswählte. Da er nicht bezahlen konnte, gab er Mordechaj eine schwere eiserne Truhe zum Pfand und sagte, dass er sie im Herbst holen und dann das geschuldete Geld bringen werde. Es vergingen Monate, doch niemand kam, um die Truhe zu holen. Als ein Jahr vergangen war, und nach diesem ein weiteres, öffnete Mordechaj die Truhe - sie war voller Gold- und Silbermünzen.

So war der Schatz schließlich doch zu Mordechaj Maisel gelangt. Als dieser seinem Schwiegervater anvertraut hatte, was geschehen war, erzählte nun auch der Primas seine Geschichte. Mordechaj aber wollte nicht glauben, dass der Schatz ihm gehöre. „Was passiert denn nun, wenn der Bauer eines Tages doch zurückkommt?“ Jicchak lachte: „Vergiss den Bauern, das war sicher einer der Zwerge!“

Mordechaj Maisel ging mit dem Geld vernünftig um und so, dass nicht nur er Nutzen davon hatte. Er ließ eine neue Synagoge errichten, die später nach ihm benannt werden sollte, dann das jüdische Rathaus, ein Bad, ein Armen- und ein Waisenhaus, und ließ sogar die verwinkelten jüdischen Gassen pflastern. Ein reicher Mann blieb er bis zu seinem Tode und heute schläft er seinen ewigen Schlaf auf dem Alten jüdischen Friedhof.

Neustadt

NEUSTADT

Vltava
Staré
Město
67
68
60
Václ. nám.
59
62
64
Karlovo
nám.
66
61
63
69
65

Die Gründung der Neustadt

Einmal veranstaltete der Kaiser und König Karl IV. auf der Prager Burg ein Gastmahl für seine Freunde und den Hohen Adel des Landes. Nachdem sie zu Abend gegessen hatten, erfrischten sie sich auf dem Balkon des Palastes. Es war eine warme Sommernacht, am Himmel funkelten die Sterne und darunter breitete sich Prag aus. Im Mondlicht erhoben sich die Fassaden und Dächer der Häuser, Kirchen und Türme. Die Moldauwehre rauschten. Der König wandte sich an seinen Sterndeuter und ermunterte ihn: „Sag' uns, was in diesem Augenblick, die Himmelszeichen über die Zukunft unserer Stadt sagen!"

Der Sterndeuter zögerte zunächst mit seiner Antwort, doch dann bekannte er, was er in den Sternen gelesen hatte. Die Kleinere Stadt, die heutige Kleinseite, werde angeblich durch ein Feuer zerstört, die Altstadt hingegen fege eine Sturmflut hinweg, in Prag werde kein Stein auf dem anderen bleiben. Alle waren durch die Unheil verkündende Nachricht betroffen. Auch dem König kam kein Wort über die Lippen. Doch dann wandte er sich zur Stadt, zeigte mit einem Wink seiner Hand auf die andere Flussseite Seite und rief: „Meine Stadt wird nicht so einfach von der Welt verschwinden. Und auch wenn die Kleinere Stadt und die Altstadt das Verderben ereilen sollte, so wird eine andere Stadt bleiben, nämlich die, die ich erst noch bauen lassen werde!"

So wie er es beschlossen hatte, tat er es auch. Er befahl Pläne für eine großartige, riesige Stadt zu zeichnen, die sich von den Altstädter Wällen bis hin zum Vyschehrad erstrecken sollte. Die Stadt, die er gründete und erbaute, erhielt den Namen Prager Neustadt.

Nekázanka – Nekázankagasse

Aus der Straße Am Graben (Na Příkopě) führt die Nekázanka zur Heinrichsgasse (Jindřišská ulička). Sie kam angeblich schon bei den Anfängen der Neustadt zu ihrem Namen. Als Karl IV. den Bau beschlossen hatte, beaufsichtigte er persönlich die Zeichnungen und Vermessungen der Straßen und Grundstücke, damit alles nach seinen Vorstellungen geschah. Er musste Prag jedoch für einige Zeit verlassen. Nach seiner Rückkehr ging er auf die Baustelle, um zu kontrollieren, wie die Arbeiten fortschritten, und bemerkte dabei eine Gasse, die nicht auf den von ihm genehmigten Plänen eingezeichnet war. Und sogleich fragte er verärgert: „Wo kommt denn diese Straße her?“

Die Baumeister erschraken. Sie fürchteten, dass der König sie für ihren Irrtum bestrafen werde. Und so brachten sie kein einziges Wort heraus. Als der König dies sah, lachte er und sagte: „Sei's drum. Die Gasse soll hier bleiben. Doch auf ewige Zeiten soll sie Nekázalka genannt werden, auf dass der Name daran erinnere, dass ich nicht befohlen habe, sie zu bauen!“ Aus Nekázalka wurde mit der Zeit Nekázanka und diese Bezeichnung ist ihr bis heute erhalten geblieben.

Die Historiker behaupten freilich, dass die Gasse ihren Namen von ihren Bewohnern bekommen habe, die hier ein fröhliches, zügelloses und ausgelassenes, also ein „zuchtloses“ Leben führten.

Das Haus zum Faust

Karlovo náměstí – Karlsplatz 40 – 41

In einer Ecke des Karlsplatzes gegenüber dem Kloster Na Slovanech steht ein uraltes Haus, beinahe ein kleines Palais. Es gehörte angeblich einst dem Doktor Faust, von dem erzählt wird, dass er seine Seele dem Teufel verschrieben hatte. Eines Nachts holte ihn der Teufel und so blieb von ihm nur ein verrußtes Loch in einem der Zimmer übrig. Niemand war imstande, das Loch zuzumauern, da das Mauerwerk über Nacht immer wieder zusammenfiel. Und so blieb das Haus verlassen und alle hatte Angst davor, in ihm zu nächtigen.

Bis der Student Mladota sich ein Herz fasste, das Haus vom Faust zu betreten. Und dies geschah so. Einmal musste er abends sein bescheidenes Hab und Gut packen und mit einem Bündel auf dem Rücken seine arme Behausung verlassen, da er schon Wochen lang die Miete schuldig blieb. Ohne Aussicht auf eine warme Unterkunft quälte er sich durch die Prager Gassen, bis er vor das Haus vom Faust gelangte. Und weil er keine Angst kannte, sagte er sich: Warum soll ich denn unter der Brücke schlafen, wenn gleich ein ganzes Palais hier auf mich wartet? Vorsichtig drückte er die verrostete Klinke hinunter und die Haustür öffnete sich knarrend. Im Mondschein sah alles im Haus gespenstisch aus: aus den finsteren Winkeln der Gänge schauten alte Möbel und seltsame Figuren hervor, ein geräumiger Essraum mit einem großen Tisch und Stühlen, eine Studierstube mit Stößen von Schriftstücken und Büchern, alles überdeckt mit einer dicken Staubschicht und

es roch muffig. Im Schlafzimmer entdeckte der Student ein hübsches Himmelbett, und so überlegte er nicht lange, zog die Oberdecke ab, deckte sich mit dem Federbett zu und schlief sogleich ein.

Als er am Morgen aufwachte, sah er sich neugierig um. Am meisten beeindruckte ihn die Studierstube, die zum Teil als Laboratorium eingerichtet war. Auf einem langen Tisch befand sich neben Akten und Büchern auch eine Menge Flaschen, Kolben und Retorten, noch immer mit Überresten ihres vormaligen Inhalts. Und inmitten dieses ganzen Durcheinanders lag in einer steinernen Schüssel - ein blank geputzter Silbertaler! Treffer, sagte sich der Student, nahm den Taler und blieb nicht länger im Haus. Er eilte zu seinen Freunden in der Schenke, um ihnen zu sagen, welch angenehme Unterkunft er gefunden habe und sich noch dazu ein gutes Mittagessen und ein paar Seidel leisten könne. Sein Glück betrank er mit den Freunden so gründlich, dass er noch bei Morgengrauen in derselben Schenke saß und so kehrte er in das Haus zum Faust zurück. Er ließ sich in die Federn fallen, schlief ein und als er aufwachte, stand die Sonne schon hoch am Himmel. Etwas flüsterte ihm zu, er solle nachschauen, ob sich in der Schüssel nicht erneut Geld befände. Und tatsächlich, wieder lag eine Münze darin - rund, glänzend und silbern. Solche Gespenster lasse ich mir gefallen, solange sie dem Menschen Geld bringen, dachte der Student. Er ging geradewegs in die Schenke und alles wiederholte sich so wie am Vortag. Bald gewöhnte er sich an diesen seltsamen Broterwerb. Jeden Morgen nahm er aus der Schüssel einen Taler, vertrank ihn mit den Freunden, abends kehrte er zurück und dachte gar nicht daran zu studieren. Die Freunde beneideten ihn um diesen Lebensunterhalt, doch tief in der Seele hätte keiner mit ihm tauschen wollen. Mladota war zu leichtsinnig und dachte nicht daran, dass man für eine solche Zaubergunst immer mit etwas bezahlen musste.

Doch an einem Tag ging er nicht in die Schenke. War er doch auf den Gedanken gekommen, dass er anstelle eines Talers in der Schüssel doch mehr Taler hätte finden können, und nicht nur Taler, vielleicht auch Goldstücke! Er staubte die Zauberbücher ab und begann in ihnen zu lesen. Besonders das größte fesselte ihn. Er blätterte in ihm bis tief in die Nacht und am nächsten Tag aufs Neue. Da er während des Studiums doch wenigstens etwas gelernt hatte, entschlüsselte er bald die sonderbare Schrift und begriff, dass sie zur Verwünschung böser Geister diente.

Eine Woche verging und der Student hatte sich bei den Freunden nicht sehen lassen. Ihnen fiel ein, dass er vielleicht krank sei und so begaben sich ein paar Mutige zum Haus des Doktor Faust, um Mladota zu besuchen. An die Haustür aber pochten sie vergebens, bis einer die Idee hatte, über die Mauer in den Garten zu klettern und von dort aus durchs Fenster in das Palais. Sie suchten Mladota, riefen ihn mit Namen, doch niemand antwortete ihnen. Als sie in die Studierstube kamen, bot sich ein schrecklicher Anblick. Alles war zerstört, die Bücher zerrissen und die Kolben zerschlagen, der Tisch mit dem großen Buch umgestürzt und in der Decke - ein großes schwarzes Loch. Voller Grauen flohen die Studenten aus dem Haus und erzählten allen, dass der Teufel Mladota durch das Loch im Dach mitgenommen habe.

Der Ellenlang (Lokýtek)

Novoměstská radnice - Neustädter Rathaus, Karlovo náměstí - Karlsplatz 23

In das Mauerwerk des Neustädter Rathauses ist eine eiserne Elle eingesetzt, ein amtliches Maß, an dem in der Vergangenheit jedermann nachmessen konnte, ob ihn ein Kaufmann beim Kauf von Stoff nicht betrogen hatte. Da man die Elle weit oben angebracht hatte, konnten einige Leute sie nicht erreichen und so stellten die Ratsherren einen großen Mann an, damit er bei der Elle stand und den Leuten den Stoff nachmaß. Da er an der Elle stand, begann man ihn Elle (Loket)

zu nennen. Als er gestorben war, erbte die Arbeit des Stoffmessers sein Sohn von ihm. Dieser aber war nicht so groß und musste beim Nachmessen auf eine Leiter steigen, deshalb gaben ihm die Leute den Spitznamen Ellenlang (Lokýtek).

Ellenlang (Lokýtek) aber war nicht so ehrlich wie sein Vater. Zwar hatte er eine angenehme und einfache Arbeit, doch dies genügte ihm nicht, er trachtete nach mehr Geld. Deshalb kam er mit einigen Leinwebern heimlich überein, dass er demjenigen, von dem er Geld bekam, stets zum Schein ein gutes Maß nachmessen werde, den übrigen ein schlechtes. Und so kam es, dass sobald ihn jemand bat, einen Stoff nachzumessen, Ellenlang (Lokýtek) auf die Leiter stieg und wie aus Zufall fragte: „Ein schöner Stoff, von wem hast du ihn gekauft?“ Wie die Antwort war, so war auch das Ergebnis. Die redlichen Leinweber ahnten nicht, wie Ellenlang (Lokýtek) mit ihrer Ware umging, und so geschah es, dass die Leute aufhörten, bei ihnen zu kaufen. Einige endeten wegen des unredlichen Stoffmessers sogar am Bettelstab.

Einem redlichen Leinweber ließ das keine Ruhe. Er überlegte sich, woran das liege, dass die Leute nicht mehr in seinen Laden kamen und beschloss, den Ellenlang (Lokýtek) auf die Probe zu stellen. Er maß selber ein gutes Maß eines Rocks und brachte den Wickel zum Neustädter Rathaus. Da gerade Markttag war, drängten sich viele Menschen bei der Elle. Als der Leinweber an die Reihe kam, sagte Ellenlang (Lokýtek) wie immer: „Von wem haben sie das gekauft?“ Der Leinweber sagte wahrheitsgemäß seinen Namen. Ellenlang (Lokýtek) maß eine Weile nach und dann schüttelte er traurig den Kopf: „Ach wo, da hat euch jemand um einen hübsches Stück betrogen, geht dort nicht mehr kaufen!“

„Was?“, rief der Leinweber. „Jetzt werde ich messen, du Betrüger!“ Er stieß Ellenlang (Lokýtek) weg, maß den Rock nach und er war genau eine Elle lang.

„Schaut euch nur diesen Halunken an“, schrie der Leinweber. „Er macht einen Narren aus euch, die redlichen schwärzt er an und den unredlichen steht er bei!“ Die Leute standen einen Augenblick betreten da, doch dann verstanden sie, was passiert war. Viele schlossen sich dem Leinweber an und gingen auf Ellenlang (Lokýtek) los. Doch dieser wartete nicht lang, drehte sich um und sauste davon. Seitdem ward er angeblich nie mehr gesehen. Der arme Leinweber

wurde krank von dieser Aufregung und starb tags darauf. Man sagt, dass Ellenlangs Geist stets am Jahrestag des Leinwebers Todes bei der Elle erscheint, mit fiebrigen Augen wie ein Geächteter ums Neustädter Rathaus herumläuft und für ein weiteres Jahr verschwindet.

Der Koch vom Emmaus-Kloster

Kostel s klášterem Na Slovanech, Vyšehradská 49

Die Kirche und das Kloster Na Slovanech wird seit alters her Emmaus genannt, da das Altarbild in der Kirche Jesus mit den Emmausjüngern zeigt. Es wird erzählt, dass die Mönche im Emmauskloster so fromm waren, dass der Teufel sich in den Kopf setzte, koste was es wolle, ihre Seelen zu bekommen. Das Glück war ihm hold, weil der Klosterkoch damals gerade gestorben war. Und so schlüpfte der Teufel in die Gestalt eines Koches und die Mönche nahmen ihn in der Klosterküche auf. Der Teufel begann statt der einfachen Klosterkost lauter Köstlichkeiten zuzubereiten: Wachtelbrüste, geräucherten Schinken, gute Würste, Wild und gefüllte Pasteten und dazu tischte er schmackhafte und ausgewählte Weine auf. Die Mönche vergaßen nach und nach das Beten und genossen nur die Speisen und Getränke, lebten in Saus und Braus, vergnügten sich, faulenzten und wurden dicker und dicker. Der Teufel hatte große Freude daran.

Einmal ging der Abt, der Vorsteher des Klosters, abends an der Küche vorbei und hörte von dort seltsame Stimmen. Er war neugierig, hielt inne und lauschte hinter der Tür, mit wem der Koch da sprach. Drinnen erzählte der Teufelskoch gerade einem anderen Teufel, der aus der Hölle zu Besuch gekommen war, um zu sehen, wie ihm das Werk gelänge und ob er schon bald die Seelen der schwelgerischen Mönche bringen werde. Als der Abt dies hörte, stürzte er in die Küche und verfluchte den Teufelskoch, der sich sogleich in einen Hahn verwandelte und durchs Fenster davonflog. Von dieser Zeit an waren die Emmaus-Mönche zweimal so fromm, damit sie immer wachsam vor höllischen Fallen sind.

Der silberne Fisch

Myslíkova 14

An der Ecke der heutigen Myslíkgasse (Myslíkova ulice) und der Spálená-Gasse steht ein großes Haus, das nach seinem ursprünglichen Besitzer den Namen Zu den Myslíks (U Myslíků) trägt. Nach dem Haus wurde auch die ganze Straße benannt. Nach der Schlacht am Weißen Berg mussten Hunderte von Adeligen und Bürgern aufgrund ihres evangelischen Glaubens das Land verlassen, um der Verfolgung zu entgehen. Auch der Besitzer des Hauses Zu den Myslíks und seine Familie mussten in Eile ihre Heimat verlassen. Es war gar nicht daran

zu denken, dass sie mehr Eigentum mitnahmen, als sie in ihre Ranzen und Rucksäcke packen konnten.

Am Vorabend der Abfahrt ließ der Vater der Familie alles silberne Geschirr zusammentragen: Teller, Becher, Kannen und auch Löffel. Die Söhne zerschlugen das Silber und der Vater schmolz es in einem Kesselchen über der Feuerstätte. Dann nahmen sie eine große irdene Backform in Gestalt eines Fisches und gossen das Silber hinein. Als das Silber abgekühlt war, stürzten sie es aus der Form, nahmen eine Platte der hölzernen Wandverkleidung in der größten Stube ab und versteckten den silbernen Fisch in einer kleinen Mauernische. Die hölzerne Platte befestigten sie wieder an ihrem Platz, damit niemand etwas bemerkte. Sie glaubten, dass sie oder einer ihrer Nachfahren zurückkommen und das aufbewahrte Silber abholen werde. Doch weder der Vater noch die Söhne noch ein anderer Verwandter kehrte jemals in das Haus zurück.

Die Besitzer des Hauses wechselten, doch keiner von ihnen nahm größere Bauänderungen vor. Als dem Haus schon der Einsturz drohte, beschloss der Prager Magistrat, dass es abzureißen sei, damit es nicht die Umgebung gefährdete, und ein neues Haus an seiner Stelle gebaut werde. Für den damaligen Besitzer war dies eine Katastrophe. Er war nicht gerade reich und musste sich für den Bau des neuen Hauses viel Geld ausleihen. An den Abriss machte er sich schweren Herzens. Als die Arbeiter die Wand in der Stube abrissen, fanden sie im Mauerwerk einen großen schweren Fisch aus schwarzem Metall. Was war das für eine Überraschung für den Besitzer, als er feststellte, dass der Fisch aus reinem Silber war, das das Alter geschwärzt hatte! Der Verkauf des Fisches brachte dem Besitzer soviel Geld, dass er seine Schulden tilgen konnte und ihm sogar noch etwas für die Einrichtung seines neuen Hauses übrigblieb.

Die Kinder des Wassermanns

zaniklé Podskalí – das alte Podskalí

Podskalí war ursprünglich ein Fischer- und Holzfällerdorf, das zwischen dem Vyschehrad und der heutigen Resselgasse (Resslová) lag. Beinahe tausend Jahre lebten hier in einer Ansiedlung Sandgräber, Fischer, Fährmänner, Flößer und auch Eishauer, die die Stadtkeller mit Eis für die Lagerung von Lebensmitteln versorgten. Anfang des 20. Jahrhunderts wurden die Altbauten des Podskalí abgerissen und an ihrer Stelle entstanden Mietshäuser und ganze Straßen.

Das alltägliche Leben der Leute von Podskalí und auch ihr Broterwerb waren einst eng mit der Moldau verbunden. So lernten ihre Kinder auch zuerst schwimmen und dann erst laufen. Dennoch geschah es oft, dass einige der Kinder ertranken. Einmal ertrank der Sohn eines armen Fischers, der eine Hütte direkt am Ufer hatte. Die Fischerin war ob ihres Grams untröstlich, hatte sie doch unter lauter Töchtern nur einen einzigen Sohn gehabt und diesen nun verloren. Und sie jammerte noch mehr, als ihr die Kinder erzählten, wie es zu dem Unglück gekommen sei: der Junge sprang und tollte mit den übrigen an den am Ufer angeketteten Prahmen herum, als plötzlich ein Wassermann auftauchte und den Jungen unter das Wasser zog. Kaum hatte die unglückliche Mama dies gehört, verfluchte sie in ihrer Verzweiflung die Kinder des Wassermanns, auf dass diese nie mehr ins Wasser zurückkehren könnten, sobald sie es einmal verließen.

Ihr Fluch erfüllte sich noch in derselben Nacht. Als am Himmel der Mond erschien, kletterten die Kinder des Wassermanns auf einen Prahm, jagten sich und tollten genauso wie die Menschenkinder

herum. Gegen Morgen wollten sie zurück in die Moldau springen, doch sie konnten nicht: sie blieben auf den Prahmen wie angeklebt zurück. Sie riefen und weinten, der alte Wassermann tauchte auf, um ihnen zu helfen, doch vergeblich, die Kinder mussten auf den Flößen bleiben. Die Nacht verging, es kam der Morgen und die Sonne begann zu brennen. Ihr Schein brannte die unglücklichen Wassergeister wie Feuer und trocknete ihre grüne Haut aus. Jeder Wassermann hält auf dem Festland nur so lange aus, wie ihm Wasser aus dem Schoß tropft, und sobald er völlig austrocknet, ist es mit ihm zu Ende. Und so war dieser Tag im Podskalí voll von Weinen und Trauer: auf den Prahmen weinten die Wassergeister, unterm Ufer jammerte der alte Wassermann und in der Hütte klagte die unglückliche Fischerin.

Gegen Abend klopfte die alte Beschwörerin von Podskalí bei der Fischerin an. Sie konnte kranke Leiber und Seelen heilen und wusste gut, dass aus einem Fluch nichts Gutes herauskommt. Lange überredete sie die Fischerin, das mit ihren Tränen getränkte Knabenhemd zu nehmen und es auf die kleinen Wassergeister zu werfen. Dann würde der Fluch aufgehoben und die Kinder des Wassermanns könnten in die Moldau zurückkehren. Dem Jungen gibt niemand das Leben zurück, aber wem hilft es denn, wenn weitere unschuldige Kinder sterben? Es war schon Nacht, als die Fischerin schließlich einwilligte. Die Tränen rollten aus ihren Augen, als sie das Hemd des Sohnes nahm und mit ihm zur Moldau ging. Kaum erschien sie am Ufer, reckte der alte Wassermann im Wasser die Hände aus und versprach, dass er niemals mehr ein Kind aus Podskalí ertränke. Die Fischerin warf das Hemd auf die Kinder, wandte sich nicht einmal um und lief zurück zur Hütte.

Sobald das Hemd die kleinen Wassergeister berührte, war es, als würde es neues Leben in ihre Venen einflößen. Sie erhoben sich auf ihre kleinen Beinchen und einer nach dem anderen glitt ins Wasser, in die Arme ihres Vaters. Und es geschah, was der Wassermann versprochen hatte: seit dieser Zeit ist in Podskalí kein Kind mehr ertrunken.

Die Wassernixe aus dem Tümpel

V Tůních – In den Tümpeln

Vor der Gründung der Neustadt standen am Ort der heutigen Roggen- und Gerstengasse (Žitná und Ječná) nur kleine Häuser und um sie herum gab es Wiesen, Felder und Gärten. Dort wo heute die Gasse mit dem Namen In den Tümpeln (V Tůních) ist, gab es tatsächliche Tümpel und auch die Gasse namens Im Fischteich (Na rybníčku) erhielt ihren Namen von einem Fischteich und der gleichnamigen Ansiedlung, die sich hier befand.

Bei den Tümpeln saß damals angeblich eine schöne Wassernixe. In den Sommernächten war ihr trauriger Gesang bis hin zur Ansiedlung zu hören und viele der hiesigen Jungs betörte sie mit ihrer Schönheit. Wann immer aber sich ihr einer von ihnen nähern wollte, sprang sie in den Tümpel und war auf und davon. Bis ein Knabe sich über beide Ohren in sie verliebte. Er dachte an sie, wohin er auch ging, die Abende verbrachte er beim Tümpel und beobachtete die Wassernixe von seinem sicheren Versteck aus, wie sie traurige Lieder sang und ihre Haare mit Blüten eines Huflattichs schmückte, der hier wuchs. Einmal, als die Nixe wieder in den Tümpel glitt, küsste der Jüngling aus Verzweiflung die Blätter der Blüten, die sie vorher berührt hatte. Am nächsten Abend, als die Wassernixe wieder ans Ufer stieg, berührte sie dieselben Blüten und legte sie sich an die Wange. Der Jüngling konnte sich nicht mehr zurückhalten, sprang zu ihr und schloss sie in seine Arme. Die Nixe wollte sich ihm entreißen, doch es ging nicht –

ihre Wangen hatten vorher den durch die Blüte des Huflattichs übertragenen Kuss des Knaben berührt und so musste sie bleiben.

Der Junge bat die Nixe, ihn nicht zu verlassen, sagte, dass er sie mit zu sich nach Hause nehme und zur Frau nehmen werde. Die Nixe brach in Weinen aus und erzählte ihm ihre Geschichte. Sie war die Tochter eines Flößers, der durch einen unglücklichen Zufall in der Moldau ertrunken war, und die Mutter brachte daraufhin einen neuen Bräutigam nach Hause. Doch der Bräutigam verliebte sich in die Tochter und so verfluchte die Mutter sie, auf dass das Wasser für immer ihre Heimat werde, genauso wie für ihren armen Vater. Als der Bräutigam erfuhr, was die Mutter ihrer eigenen Tochter angetan hatte, tötete er sie und ertränkte sich daraufhin auch selbst. Und so musste die Nixe im Tümpel wohnen und befreien konnte sie nur ein Jüngling, dessen Mutter ihr den Sohn zum Mann geben und sie als ihre Tochter annehmen würde.

„Weine nicht mehr", tröstete der Jüngling die Wassernixe, „meine Mutter hat mich lieb und wird mein Glück nicht verderben, bestimmt gibt sie uns ihren Segen und richtet die Hochzeit aus!" Die Wassernixe hörte seinen Worten voller Hoffnung zu, beruhigte sich und nahm das Versprechen des Jungen an, dass er am nächsten Tag mit seiner Mutter zum Tümpel komme. Voller Freude lief der Jüngling nach Hause, sagte der Mutter alles und sie willigte ein, sich am nächsten Tag mit ihm zum Tümpel zu begeben.

Als die Wassernixe am Abend aus dem Wasser stieg, erblickte sie am Ufer den Jungen mit seiner Mutter. Sobald die Mutter die Nixe erblickte, begann sie sogleich zu schelten und zu schreien: „Du Biest, du begehrst meinen Jungen? Kehr zurück ins Wasser und nimm dir einen Wassermann oder ein anderes Ungeheuer, das dir gleichkommt!"

Die Wassernixe glitt wie ein Fisch in den Tümpel zurück und aus der Tiefe war ihr lautes Gejammer und Geschrei zu hören. Der Jüngling stand eine Weile wie versteinert da, doch dann sprang er hinter seinen Liebsten her und das Wasser schloss sich unter ihm für immer. Die Mutter beweinte ihren Sohn für den Rest ihres Lebens und bereute ihr überhastetes Handeln. Die Wassernixe aber ward nie mehr gesehen, nur manche Leute hörten des Nachts ihr verzweifeltes Schluchzen. Man sagt, dass die Wassernixe an diesen Stellen in unterirdischen Quellen bis heute jammert, doch im Lärm der Großstadt wird sie niemand mehr hören.

Das Schwert des Henkers

Ostrov Štvanice – Insel Štvanice

In alten Zeiten wurde das Henkerhandwerk als unrein angesehen und darum durften die Henker nicht in der Nähe der übrigen Leute wohnen, sondern nur an abgelegenen Orten, weit entfernt von der Stadtmauer. Die Leute scheuten sich tagsüber vor ihnen, doch ebenso oft kamen sie des Nachts heimlich zu ihnen mit einer Bitte um Hilfe. Denn dank ihres grauenvollen Handwerks verstanden die Henker den menschlichen Körper gut und wussten verschiedene Wunden zu behandeln und Krankheiten zu heilen. So war es auch mit dem Neustädter Henker, der in einem kleinen Haus auf der Prager Moldauinsel Štvanice wohnte.

Eines Abends klopfte eine Mutter mit ihrem kleinen Sohn an die Tür seines Hauses. Der Junge war ständig krank, doch keine Medizin konnte ihm helfen und die Doktoren zuckten schon ratlos mit den Schultern. Als die Mutter mit dem Jungen in die Stube des Henkers trat, erschrak sie sogleich. Es schien, dass an der gegenüberliegenden Seite ein Lichtschimmer aufblitzte. Sie bemerkte, dass auch der Henker im Gesicht erbleichte und ganz verblüfft war. Da fragte sie ihn mit Grauen aus, was dies für ein Zeichen sei. Erst wollte es der Henker ihr nicht sagen, doch schließlich gab er nach. „So spricht mein

Schwert. Es bewegt sich, wenn jemandem, der in den Raum eintritt, bestimmt ist, dass sich das Schwert an seinem Blut sättigen soll, und dies ist dein Junge."

Die Mutter brach in Weinen aus und war untröstlich. Das Leben ihres Sohnes sollte schließlich durch das Henkersschwert enden? Sie warf sich vor dem Henker auf die Knie und bat ihn, ihr zu helfen, die böse Weissagung abzuwenden. Der Henker hatte ein gutes Herz und wusste sich zu helfen. „Wenn du erlaubst, nehme ich mein Schwert und ritze dem Jungen nur ein wenig in den Finger. Dann wird die Weissagung erfüllt."

Die Mutter willigte unter Tränen ein, der Henker nahm das Schwert und fuhr dem Jungen mit seiner scharfen Schneide nur ein wenig über den Zeigefinger, bis ein einziger Tropfen Blut herausquoll. Dann untersuchte er den Jungen und gab der Mutter einen Bund Heilkräuter, damit sie aus diesen eine Brühe kochte und sagte, dass seine Krankheit bald weicht. Und so geschah es auch. Der Junge wurde gesund und als er heranwuchs, wurde aus ihm ein angesehener Bürger, der bis zu seinem Tod in Ruhe und Zufriedenheit lebte.

Der Schatz aus dem Poříčí

Kostel sv. Petra Na Poříčí – Kirche des Heiligen Peter Na Poříčí,
Petrské nám. – Petersplatz

Als Karl IV. den Bau der Neustadt beschlossen hatte, befriedete er mit den Neustädter Stadtmauern auch einige Ansiedlungen, die sich auf seinem Gebiet bereits befanden. Eine solche Ansiedlung war auch der Poříč, an dem sich im 11. Jahrhundert deutsche Kaufleute niederließen. Diese bauten die romanische Kirche des Hl. Peter, die später dann im gotischen Stil umgebaut wurde. Um die Peterskirche herum breitet sich ein Friedhof aus, wie dies bei den Pfarrkirchen in ganz Prag der Fall war. Einmal starb auf dem Poříč ein reicher Bürger. Es war ein Sonderling, er wohnte allein und geizte mit Geld. Nicht einmal mit seinen Verwandten verkehrte er, aus Angst, damit er nichts mit ihnen teilen müsse. Noch zu Lebzeiten besorgte er sich einen billigen hölzernen Sarg und schlief in ihm. In diesem fand man ihn dann auch tot und so wurde er auch sogleich darin bestattet. Die Verwandten freuten sich darauf, nach dem Tod des Geizhalses endlich an seinem Reichtum teilhaben zu können. Doch wie sorgfältig sie das Haus von oben bis unten durchsuchten, sie konnten kein Geld darin finden. Den Boden rissen sie heraus, suchten auf dem Dachboden und klopften die Wände ab, doch nicht ein einziges Geldstück entdeckten sie.

Es vergingen ein paar Monate. Einmal ging der alte Küster in der Nacht auf dem Weg nach Hause am Friedhof vorbei und sah plötzlich

in der Dunkelheit ein gelbes Licht springen. Es flimmerte über einem Grab und dies war eben das Grab eines reichen Geizhalses. Der Küster erriet sogleich, was dies bedeutete - ein solches Licht zeigte sich von alters her über einem Ort, an dem ein Schatz lag. Der Küster vertraute sich seinem Sohn an und sie vereinbarten, den Schatz auszugraben. In der Nacht begaben sie sich auf den Friedhof. Zuerst warfen sie einen Rosenkranz um das Flämmchen, damit das Flämmchen stand und der Schatz nicht verfiel, und begannen zu graben. Als sie den Sargdeckel zerschlagen hatten, erblickten sie unter dem Haupt des Verstorbenen ein verfaultes Kissen, aus dem sich goldener Schmuck und Geld ergoss. Der geizige Bürger hatte das Gold so gern gehabt, dass er es niemandem überlassen wollte, und so nähte er es in ein Kissen und war sicher, dass man ihn mit diesem beerdigt.

Der Küster kam mit seinem Sohn zu großem Reichtum. Doch sie waren nicht so geizig wie der Bürger. Und so teilten sie mit den Armen und allen erging es gut.

Der Baumeister des Karlshofs

Kostel Nanebevzetí Panny Marie a sv. Karla Velikého na Karlově – Kirche der Mariä-Himmelfahrt und des Hl. Karls des Großen, Ulice Ke Karlovu – Zum Karlshof

Kaiser und König Karl IV. gründete die Kirche der Mariä-Himmelfahrt und des Hl. Karls des Großen auf dem höchsten Punkt der Neustadt im Jahre 1350. Ihr gewaltiges Gewölbe misst im Durchschnitt 24 Meter, es hat die Gestalt eines regelmäßigen Achtecks und an einigen Stellen ist es nur 20 Zentimeter stark. Sein Baumeister kannte sich gut in seinem Handwerk aus, doch er war jung und hatte noch keine Gelegenheit sein Können zu beweisen. Zu allem Überfluss verliebte er sich unglücklich. Doch das wär noch das Geringste. Das Mädchen hatte ihn aufrichtig gern, doch ihr Vater, ein reicher Bürger, wollte seine Tochter keinem armen Brautwerber geben. Und so kam es, dass als der Jüngling um die Hand seiner Tochter anhielt, der Vater zu ihm sagte: „Ich würde deinem Wunsche gerne nachkommen, aber sieh' doch ein, dass ich meine einzige Tochter nicht einem Mann ohne Namen und Geld zur Frau geben kann. Sobald du zu Geld gekommen bist und dein Name etwas bedeutet, komm' wieder und wir werden sehen!"

Der Jüngling wurde traurig, doch er verlor nicht die Hoffnung. Zu dieser Zeit wurde bekannt, dass der König erwog, auf dem steilen Hügel über dem Bach Brusnice nahe der Neustädter Stadtmauer eine

Kirche mit Kloster zu errichten. Noch war nicht entschieden, wer sie bauen sollte. Dies war die Gelegenheit, auf die der Baumeister gewartet hatte. Sofort machte er sich an die Arbeit. Ganze Tage und Nächte saß er über den Zeichnungen, überlegte, rechnete, zeichnete und skizzierte. Er wollte einen so außergewöhnlichen Bau entwerfen, dass ihn der Kaiser nicht werde ablehnen können. Als Karl IV. dann die Pläne sah, gefielen sie ihm wegen ihrer Schönheit und der mutigen Lösung so sehr, dass er dem Baumeister das Werk anvertraute. Die Arbeiter begannen gleich, die Fundamente zu graben, fuhren auf Wagen Holz und Steine heran und bald wuchsen die Mauern der Kirche empor. Der junge Baumeister beaufsichtigte alles, traf Entscheidungen, gab Anweisungen und polierte heimlich die gehauenen Quader aus Freude darüber, dass der Bau rasch und gedeihlich voranschritt.

Doch es fanden sich auch Neider, die seinem Werk nicht gesonnt waren. Besonders die Baumeister, die der Kaiser abgewiesen hatte, konnten ihn nicht leiden. Einem von ihnen gelang es in die Pläne Einsicht zu nehmen, und als er die Skizze des großen und mutigen Gewölbes erblickte, begann er das Gerücht zu verbreiten, ein derartiges Gewölbe könne überhaupt nicht errichtet werden. Die übrigen schlossen sich ihm an und behaupteten, der junge Baumeister sei unerfahren und ungebildet und dass der ganze Bau mit einer großen Schande enden werde, wenn das waghalsig ausgerundete Gewölbe nach dem Abbau des Gerüsts und der Stützen aus kräftigen Stämmen zusammenstürzt. Davon hörte auch der Kaiser, ließ den Jüngling zu sich rufen und sagte ihm, was über ihn erzählt werde. „Ich aber vertraue dir“, sagte der Kaiser. „Und ich hoffe nur, dass du mein Vertrauen nicht enttäuscht!“ Der Jüngling verließ den Kaiser befremdet und traurig. Er begann, an seinem Werk zu zweifeln und bekam Angst davor, den Kaiser doch noch zu enttäuschen. Was ist, wenn er in den Aufstellungen einen Fehler gemacht hatte, den er nicht bemerkt hatte? Er ging die Aufzeichnungen und Pläne durch, Strich für Strich und Zahl für Zahl, doch fand er keinen Fehler. Die Zweifel ließen ihm keine Ruhe, ganz im Gegenteil.

Als am nächsten Tag die Arbeiter zum Feierabend die Kirche verließen, stand der junge Baumeister unter dem hohen Gewölbe, das von starken Pfosten gestützt wurde. Es dämmerte schon und das Licht der Fackel, die er in der Hand hielt, strahlte das Gewölbe an, flimmerte an den Wänden und schuf in den Winkeln tiefe weiche

Schatten. Der Baumeister beobachtete das Gewölbe, manchmal ging er ein Stück weiter und die Sorgen zogen Furchen in seiner Stirn. Was ist, wenn das Gewölbe tatsächlich zusammenstürzt? Der Traum von einem zufriedenen Leben mit seiner Liebsten wird gemeinsam mit ihm zusammenstürzen und wie seine Steine in Stücke zerfallen. Und wird ein solch armseliger Baumeister noch irgendwann Anerkennung und Ruhm erlangen können? Da erblickte er in einem finsteren Winkel eine Bewegung. Er erschrak. Wer hatte denn nachts in dem verlassenen Bau etwas zu suchen? Da erhob er die Fackel gegen den Ankömmling und der Mann, der aus dem Schatten auftauchte, hatte ein seltsames dunkles Gesicht und funkelnde Augen. Freundlich sprach er zu ihm: „Fürchte dich nicht. Ich habe keine bösen Absichten, ganz im Gegenteil. Ich will dir helfen, da ich weiß, was dich plagt."

Der Fremde, bekleidet mit einem teuren schwarzen Mantel ging ein Stück weit an den Baumeister heran. „Ich kann dir versprechen, dass das Gewölbe nicht einstürzt und dass du Anerkennung von den Leuten und dem Kaiser selbst erntest. Du wirst berühmt und reich werden und dir als Frau diejenige nehmen, die du gern hast. Und dies alles nur für eine Unterschrift." Aus den Falten des Kleides zog er eine Urkunde hervor und mit der anderen Hand gab er ihm eine scharfe Feder.

Der Baumeister begriff sogleich, wer dieser Fremde war. Er kam sich vor wie im Traum: er sah auf der einen Seite seinen Ruhm und Reichtum, auf der anderen Seite Schande, Verzweiflung und Armut, in die ihn ein nicht missglückter Bau für immer stürzen würde. Der Fremde nahm ihn an der linken Hand, ritzte ihm mit der scharfen Feder in den Handteller, benetzte die Federspitze in den Tropfen des Blutes und gab dem Baumeister die Feder. Sobald der Baumeister unterzeichnet hatte, verschwand der Mann in den Schatten im Winkel, aus denen er aufgetaucht war. Der Jüngling wollte glauben, dass er das alles nur geträumt hatte, doch die kleine Wunde in der Hand erinnerte ihn daran, dass dies kein Traum war.

Doch ob es nun so war oder nicht, die Verzweiflung war dahin. In dieser Nacht schlief er fest bis zum Morgen, er erwachte mit guter Laune und als er zur Baustelle kam, erkannten die Arbeiter ihn nicht wieder. Er lachte und scherzte, die Arbeit ging ihm leicht von der Hand. Nach ein paar Tagen war das Gewölbe errichtet und nun waren nur noch das Gerüst und die hölzernen Stützen abzubauen. Doch die

Arbeiter wollten die Arbeit nicht vollenden, denn sie befürchteten, dass das Gewölbe über ihnen zusammenstürzen würde. Erst redete ihnen der Baumeister gut zu, dann drohte er ihnen, doch vergeblich, sie beharrten auf ihrer Weigerung. Der Baumeister überlegte, wie er dies nun selbst bewerkstelligen könnte und auf einmal schien ihm jemand zuzuflüstern: „Zünde das Gerüst an! Das Holz verbrennt und fällt zusammen, doch es fügt dem Stein keinen Schaden zu! Zünd' es an!“ Gesagt, getan! Er ordnete an, unter das Gerüst Stöße von Spänen und dürren Ästen zu tragen, zündete eine Fackel an und steckte sie in Brand. Die Flammen züngelten in die Höhe so als ob ihnen ein Wind helfe, das Gerüst begann zu brennen und alles verschwand in Wolken schwarzen Rauchs, der sich in dichten Säulen aus den Fenstern und Türen nach draußen wälzte. Auf einmal gaben alle Stützen nach und alles stürzte mit einem schrecklichen Getöse zu Boden. „Das Gewölbe fällt! Das Gewölbe stürzt ein!“, riefen die zuschauenden Arbeiter und liefen in alle Richtungen auseinander. Der Baumeister blieb wie vom Blitz getroffen stehen. Er hat mich betrogen, selbst der Teufel hat mich belogen. Es sauste ihm in den Ohren, um ihn herum wälzte sich schwarzer Rauch. Wie ein Wahnsinniger rannte er die Stadtmauer entlang zur Moldau, lief an ihr Ufer, unbedacht sprang er ins Wasser und tauchte nicht mehr auf.

Als das Feuer nach langer Zeit verlöschte, der Staub sich setzte und der Rauch sich auflöste, betraten die Arbeiter vorsichtig die Kirche und staunten. Das Gewölbe war unversehrt geblieben. Erst jetzt war zu sehen, wie es sich leicht über die Pfeiler emporhob, schön und außergewöhnlich. Als der Kaiser von diesem Ereignis erfuhr, kam er selbst, um das Gewölbe zu besichtigen und wollte den Baumeister persönlich loben, doch dieser war wie vom Erdboden verschluckt. Erst nach ein paar Tagen zogen Fischer seinen Leib aus dem Fluss. Der unglückliche Baumeister hatte vergebens auf Lob, Ruhm und seine Liebste gewartet. Nur die Kuppel der Kirche Am Karlshof verkündet die Größe seiner Kunst.

Vyschehrad

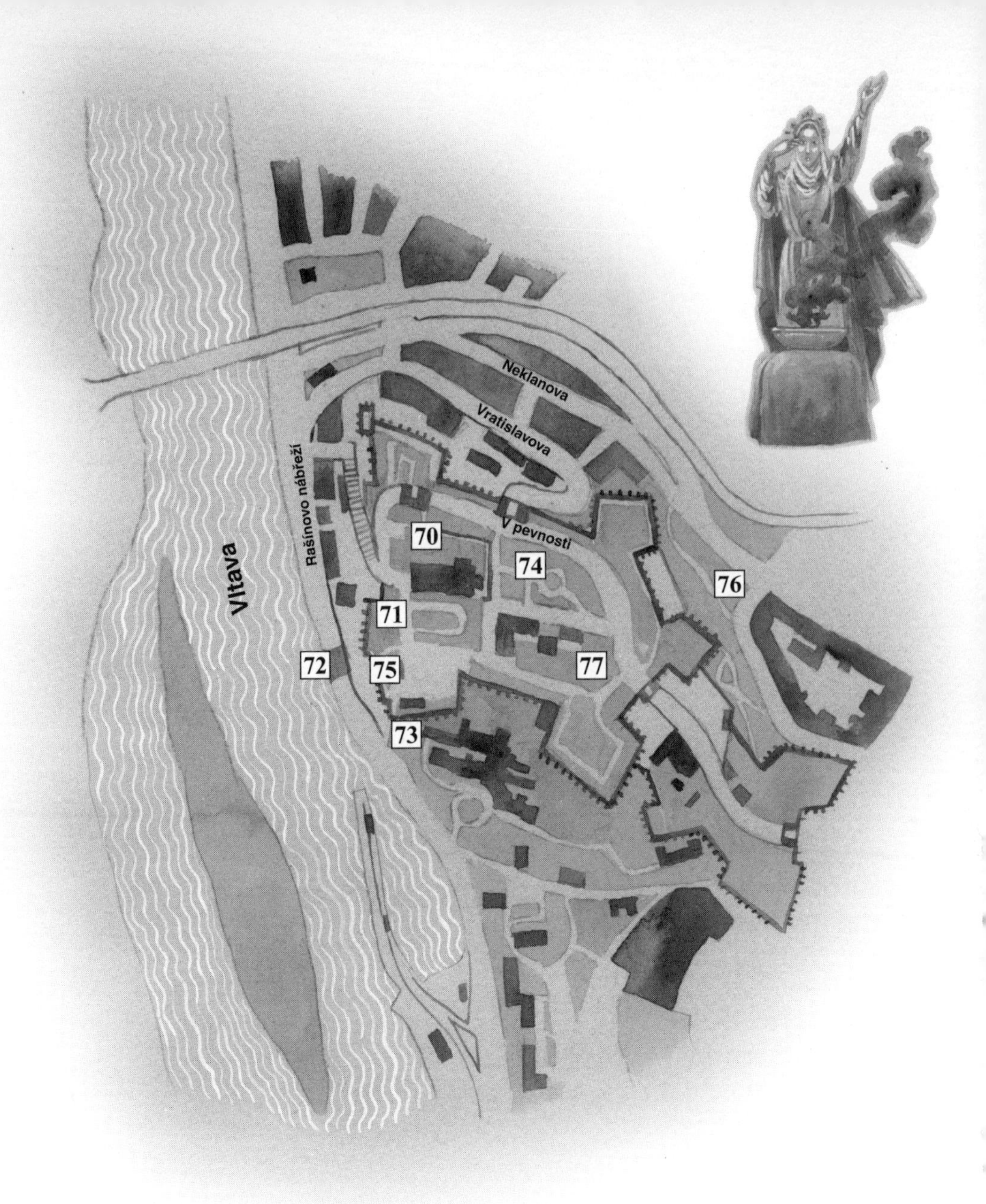

VYSCHEHRAD

70 Libussa und Přemysl
71 Die Gründung von Prag
72 Die goldene Wiege
73 Der Schatz im Vyschehradfelsen
74 Der Bivoj
75 Der Horymír
76 Die versteinerten Hirtenmädchen
77 Der Teufelsstein

Libussa und Přemysl

Eine Legende erzählt, dass die ersten Slawen auf unser Gebiet der Herzog Čech geführt hatte, nach dessen Name das Land benannt wurde. Nach ihm übernahm Krok die Herrschaft und als er starb, hatte er drei Töchter hinterlassen: Kazi, Teta und Libussa. Kazi kannte sich in der Heilkraft der Kräuter aus, deshalb konnte sie Leute bei den verschiedensten Gebrechen und Verletzungen heilen. Teta kannte die uralten Rituale gut und brachte dem Volk bei, die Götter und die Dämonen der Natur richtig zu ehren. Die jüngste, die Libussa, war die weiseste. Sie konnte auch wahrsagen und die Zukunft erkennen. Deshalb forderte sie nach dem Tod von Krok der Rat der Ältesten auf, das Land zu verwalten. Libussa willigte ein und ließ sich auf einer Burg namens Vyschehrad auf einem hohen Felsen über der Moldau nieder.

Einmal kamen zwei Wladykas aus den Nachbardörfern auf den Vyschehrad. Sie stritten sich um ein Stück Weide und wollten, dass Libussa den Streit entschied. Die Fürstin hörte sie an, beriet sich mit ihren Ratgebern und fällte das Urteil. Derjenige, der gewann, dankte der Fürstin für die Gerechtigkeit. Sein Gegner jedoch wurde rot vor Wut und schrie: „Kann denn eine Frau Männerangelegenheiten verstehen? Nicht umsonst sagt man: Lange Haare kurzer Verstand. Es ist eine Schande für alle Männer, dass uns eine Frau regiert!“

Alle Anwesenden erstarrten. Die Fürstin schwieg eine Weile und sagte dann: „Nun gut. Morgen sage ich euch den Namen dessen, der mein Gemahl und der Fürst aller Böhmen wird.“

Die Nachricht, dass die Böhmen einen Fürsten haben werden, verbreitete sich im Lande in Windeseile. Am nächsten Tag versammelten sich viele Leute auf dem Vyschehrad, die gespannt darauf warteten, was ihnen die Fürstin sagen werde. Libussa setzte sich auf ihren Thron und sagte:

„Im Lande der Lemuzen hinter dem Fluss Bílina ist ein Dorf, das dem Geschlecht der Staditzer gehört. Dort auf dem Feld pflügt der neue Fürst Přemysl mit zwei Ochsen. Sagt den Boten, sie mögen das Fürstengewand nehmen und zu ihm gehen. Mögen sie ihm ausrichten, dass ich ihn darum bitte, mich zur Frau zu nehmen und auf dem Vyschehrad die Herrschaft anzutreten. Mein Pferd wird euch führen.“

So wie die Fürstin es sagte, geschah es auch. Aus dem Stall führten sie Libussas Schimmel heraus und die Boten machten sich in seinen Spuren auf den Weg. Sie wanderten ohne Unterlass, überwanden Berge und Bäche, bis sie ins Land der Lemuzen kamen und zum Dorf Stadice. Als sie das Feld sahen, auf dem ein junger und kräftiger Mann mit zwei Ochsen pflügte, hielt Libussas Pferd an und wieherte. Die Boten verbeugten sich vor Přemysl und richteten ihm die Botschaft von Libussa aus. Přemysl hörte sie an, ohne sich zu wundern und zu fragen, so als hätte er sie längst erwartet. Er spannte die Ochsen aus dem Pflug, gab ihnen einen kräftigen Klaps auf den Rücken und rief: „Lauft dahin, woher ihr gekommen seid!“

Die Ochsen liefen zum Felsen, dieser öffnete sich vor ihnen, verschlang sie und schloss sich wieder.

Dann nahm Přemysl eine Haselrute, mit der er die Ochsen trieb und steckte sie in die Erde. Wie durch ein Wunder ergrünte die Gerte, reckte sich in die Höhe und an ihr wuchsen drei dünne Zweige mit Blättern und Nüssen. Zwei Zweige der wundersamen Haselnuss wurden welk und vertrockneten, nur eine einzige schlug aus und trug neue Früchte. Die Boten erkühnten sich und fragten, was dieser Zauber bedeute. „So wie die Haselnuss, so wird mein Geschlecht“, sagte Přemysl. „Viele Männer werden aus ihm geboren, doch nur ein einziger wird regieren. “

Dann zog Přemysl sich die Fürstenkleider und den Mantel an und legte zwei alte Schuhe aus Bast in seinen Beutel, den er sich über die

Schulter warf. Die Boten fragten ihn, wofür ein Fürst einen gewöhnlichen Beutel und alte Schuhe habe? „Die sind für meine Nachfahren, damit sie sie an ihre Herkunft erinnern. Damit sie nicht vergessen und nicht diejenigen aus Hochmut unterdrücken, die durch die Welt mit einem Beutel und Schuhen aus Bast gehen“, lachte Přemysl.

Der Weg zurück verflog wie im Wind. Als sie in das Gebiet der Böhmen ritten, hießen die Leute aus den Dörfern, durch die sie fuhren, ihren Fürsten freudig willkommen und gesellten sich zu ihnen zu Fuß und auf Pferden. Als die Wächter auf dem Vyschehrad den großen Umzug erblickten, richteten sie dies der Fürstin aus und diese ging mit ihrer Gefolgschaft dem Přemysl entgegen. Die Hochzeitsfeiern dauerten drei Tage und drei Nächte. Libussa legte ihre Hand in die von Přemysl und als sie das gemeinsame Opfer für die Götter darbrachten, wurden sie Mann und Frau, Fürst und Fürstin.

Die Gründung von Prag

Eines sommerlichen Nachmittags schauten Libussa und Přemysl mit ihrer Gefolgschaft von den Schanzmauern des Vyschehrad herab. Die Sonne neigte sich nach Westen und ihre schrägwinkligen Strahlen tauchten die umliegende Landschaft in Gold. Libussa stieg auf einmal an den Rand der Schanzmauern, breitete die Arme gegen die bewaldeten Hügel auf dem gegenüberliegenden Ufer der Moldau

aus und begann wahrzusagen: „Ich sehe eine große und schöne Stadt, deren Ruhm einmal bis zu den Sternen reichen wird. Dort im Wald ist ein Ort, an dem ihr einen Mann finden werdet, der sich gerade beim Hauen der Schwelle seines Hauses ist. Dort lasst eine feste Burg errichten und gebt ihr den Namen Prag. Und so wie alle Fürsten und Könige ihr Haupt vor der Schwelle des Hauses beugen werden, so werden sich auch die Mächtigsten einmal vor der Burg und der Stadt verbeugen, die unter ihr emporwächst."

Am nächsten Tag ließ Přemysl Boten an den Ort schicken, von dem Libussa gesprochen hatte. Und wirklich fanden sie einen Mann, der gerade dabei war, die Schwelle seines Hauses zu hauen, und an dieser Stelle errichteten sie eine Burg. Wie die Jahre ins Land gingen und die Jahrhunderte mit dem Moldauwasser im Meer der Zeit verschwanden, wurde Prag die Residenzburg der böhmischen Fürsten und später der böhmischen Könige. Und vor der Schönheit der Stadt, die ihren Namen trägt, verbeugen sich bis heute Menschen aus der ganzen Welt.

Die goldene Wiege

Es wird erzählt, dass als der Libussa der erste Sohn geboren wurde, sie ihn in einer goldenen Wiege schaukelte. Als er heranwuchs, ließ sie die Wiege in die Tiefe unter dem Vyschehradfelsen hinab, wo sie bis auf den Grund sank. Dann sprach sie die Worte der Weissagung: „Auf dem Grund der Moldau wird eine goldene Wiege verborgen bleiben, bis in Böhmen ein Herrscher geboren wird, der ihr wert sein wird!"

Es vergingen ganze Jahrhunderte und die Wiege kam nicht zum Vorschein. Bis sie eines Nachts von selbst auftauchte, als der letzten Frau des Přemyslidengeschlechts, der Königin Elischka, der kleine Wenzel geboren wurde - der spätere böhmische König und Kaiser Karl IV. In der goldenen Wiege zog ihn die Königin auch groß und so wie er wuchs, wuchs angeblich auch die wundersame Wiege mit ihm. Mit der Zeit veränderte sie sich in eine bequeme Liege, auf der sich Karl IV. auszuruhen pflegte. Nach seinem Tod kehrte die goldene Zauberwiege angeblich auf den Grund der Moldautiefe zurück.

Der Schatz im Vyschehradfelsen

Libbussa orakelte oft an den reißenden Wassern der Moldau. Einmal hatte sie ein böses Traumgesicht, sie träumte, dass bald eine Zeit kommt, in der Armut, Hunger und Verzweiflung das Land ergreifen. Um dies zu verhindern, beschloss sie, eine große Menge Gold anzusammeln und sie für schlimme Zeiten zu verbergen. Sie ließ Orte heraussuchen, die reich an Golderz sind, um dort Gold zu fördern. Es half ihr dabei ein goldenes Fröschlein - dort, wohin es sprang, war Gold. Das geförderte Golderz versteckte die Fürstin in einem geheimen Schlupfwinkel auf den Vyschehradfelsen. Als Libussa Přemysl heiratete, zeigte sie ihm den goldenen Schatz, aber auch er verriet niemandem das Versteck. So geschah es, dass es nach ihrem Tod niemand mehr gab, der wusste, wo der Schatz begraben lag - und dem ist so bis heute.

Nur einmal im Jahr, am Karfreitag, wenn sie die Felsen mit den schätzen öffnen, kann jemand den Schatz aus dem Vyschehradfelsen heben. Er darf sich dabei nicht umschauen, auch wenn sonst etwas hinter seinem Rücken geschieht. Einmal versuchte dies ein Mann vom Dorf. Am Karfreitag sah er den offenen Eingang im Felsen, zögerte nicht und betrat in den finsteren Gang. Wie er so schritt, meldeten sich hinter ihm gespenstische Stimmen und Schreie, doch er schaute sich nicht um. Erst als er in einen Saal trat, wo ringsum überall funkelnde Haufen von Gold waren, hörte er das Rufen seines Bruders und schaute sich um. Da ertönte ein Schlag und die Welt wurde schwarz. Als sich der Mann von dem Schreck erholte, lag er auf dem Rasen vor dem Vyschehradfelsen und von der Öffnung im Felsen keine Spur.

Der Bivoj

Einmal besuchte Kazi ihre Schwester Libussa auf dem Vyschehrad. Die Schwestern hatten sich viel zu erzählen, als sie plötzlich ein Lärm und Geschrei auf dem Burghof aufstörte. Sie schauten aus dem Fenster hinaus und sahen eine jungen Mann mit einem riesigen lebenden Wildeber auf dem Rücken, dem ein aufgeregter Haufen Dörfler folgte. Libussa ging mit ihrer Schwester auf den Burghof. „Warum stört ihr

die Ruhe auf meiner Burg?", fragte Libussa streng. Aus der kleinen Schar der Dörfler trat ein Greis mit weißen Haaren und Bart heraus, verbeugte sie und sagte:

„Verzeih mit, Fürstin, dass wir dich gestört haben. Aber der schwarze Wildeber verwüstete ganze Wochen lang die Ernte auf unseren Feldern, spähte im Wald und riss nicht nur einen Nachbarn blutig. Es fand sich kein Tapferer, der sich ihm zur Wehr setzen würde, nur Bivoj", zeigte der Greis mit dem dürren Arm. „Bivoj ließ nicht eher Ruhe, bis er seine Beute zu deinen Füßen legt."

„So ist das also", sagte Libussa. „Du kannst deine Last ablegen, Bivoj. Die Wächter werden ihn auf der Stelle töten", nickte sie dem Jüngling zu. „Dich erwartet Erholung und eine Belohnung für das Heldentum."

„Nein", sagte Bivoj. „Ich will ihn selbst töten, so wie ich ihn überwunden habe!"

Libussa willigte ein. Die Leute stellten sich in einen großen Kreis und machten auf dem Burghof Platz für den Kampf. Einer von den Wächtern warf dem Bivoj einen Speer mit einer eisernen Spitze zu Füßen. Da warf Bivoj mit einem Schrei den Eber vom Rücken auf den Boden. Der Wildeber fiel auf die Seite, stellte sich jedoch in Windeseile wieder auf die Beine, brüllte wütend und ging auf Bivoj los. Der Jüngling bewegte sich nicht einmal, erst als der Wildeber dicht bei ihm war, hob er den Arm und durchbohrte den Hals des Tieres mit einem gewaltigen Stoß. Der Wildeber wieherte vor Schmerz, sank auf die Vorderfüße und stürzte im Todeskampf schließlich vollends auf den Boden. Nach einer Weile hauchte er sein Leben aus. Die Leute bejubelten den Sieg von Bivoj. Jeder wollte den Helden berühren und ihn hochleben lassen. Wäre Libussa nicht gewesen, so hätte die Menge ihn vor Freude zerdrückt.

An diesem Abend fand auf dem Vyschehrad ein großes Gastmahl zu Ehren Bivojs statt. Als Belohnung für seine Heldentat widmete Libussa ihm einen prächtig verzierten Gürtel. Auch Kazi lobte Bivoj und es war offensichtlich, dass ihr der tapfere und hübsche Jüngling gefällt. Am nächsten Tag fragte Kazi Bivoj, ob er sich dem Gefolge anschließen wolle. Und da war es bald auch keine Überraschung mehr, als Kazi nach einiger Zeit Bivoj heiratete und sie gemeinsam glücklich und zufrieden bis ans Ende ihrer Tage lebten.

Der Horymír

Zu Zeiten des Fürsten Křesomysl verbreiteten sich der Bergbau und die Förderung von Gold und Silber. Die Leute hörten auf, die Felder zu bestellen, verließen ihre Güter und ließen sich von der Aussicht schnellen Reichtums anlocken. Als aber die Felder schon brach lagen, kehrte bald der Hunger im Land ein. Dies wollte vielen Wladykas nicht gefallen und so schickten sie eine Gesandtschaft mit Horymír aus Neumettel (Neumětely) an der Spitze auf den Vyschehrad und forderten, dass der Fürst im Lande Ordnung schaffe. Der Fürst versprach den Wladykas Hilfe, doch bald sollte er sein Versprechen vergessen. Von der Forderung der Wladykas erfuhren aber bald die Bergmänner in den Minen von Příbram. Sie wurden zornig, dass Horymír sie um ihre einträgliche Arbeit bringen wollte und machten sich auf den Weg nach Neumettel (Neumětely), um sich Horymír zu rächen. Dieser war jedoch nicht auf seiner Feste und so zündeten die Bergmänner wenigstens die Ernte auf seinen Feldern an.

Als der junge Wladyka zurückkehrte und die Verwüstung erblickte, zögerte er nicht lange, schwang sich noch am selben Abend auf sein Pferd Šemík und ritt wie der Teufel nach Příbram. Er rief alle bösen Kräfte und Geister zu Hilfe, die ihm halfen, die Bergmannshäuser anzuzünden und die Minen mit Steinen und Geröll

zuzuschütten. Dann wandte er sich um und ritt zurück. Šemík war ein außergewöhnliches Pferd und so waren sie vor der Dämmerung zu Hause.

Nach zwei Tagen stiegen die entrüsteten Bergmänner auf den Vyschehrad und beschwerten sich über den Horymír. Fürst Křesomysl ließ sich den Wladyka herbeirufen und sagte: „Hörst du, wessen dich die Bergmänner beschuldigen?“, fragte er ihn streng.

Horymír antwortete: „Steht es denn in Menschenkräften, dass ein einziger Mensch eine solche Verwüstung anrichtet? Und auch wenn ich dies geschafft hätte, könnte ich sicherlich noch nicht am frühen Morgen auf meiner Feste sein, wie alle meine Leute bezeugen können!“

Doch Horymír verteidigte sich vergeblich, Křesomysl schenkte dem Bergmännern Glauben und verurteilte Horymír zum Tode. Die Hinrichtung mit dem Schwert sollte sogleich an Ort und Stelle vollzogen werden.

„Ich habe noch einen letzten Wunsch“, rief Horymír. „Mein Fürst, gestatte mir, dass ich noch einen letzten Ritt auf meinem treuen Pferd Šemík machen darf!“

Křesomysl gab seinem Wunsche statt. Horymír sprang auf sein Pferd und flüsterte ihm dabei etwas ins Ohr. Das Pferd wieherte vor Freude und trabte mit Horymír im Sattel um den Burghof herum, und noch einmal. Auf einmal stimmte Horymír ein Freudengeschrei an und rief: „Auf geht's, Šemík!“

Der Schimmel stieß sich zu einem gewaltigen Sprung ab, übersprang die Schanzmauer und verschwand mit dem Reiter in der Tiefe. Die Leute schrien erstaunt auf und strömten an der Schanzmauer zusammen. Wie groß war ihr Staunen, als sie am anderen Ufer Horymír und Šemík erblickten, wie sie in Richtung Neumettel (Neumětely) davoneilen!

Nach dieser unerhörten Tat baten alle Wladykas Křesomysl, Horymír zu begnadigen und der Fürst ließ sich schließlich überzeugen. Horymír ging daraufhin selbst auf den Vyšehrad und gestand alle seinen Taten. Er erklärte auch, warum er sie begangen habe. Křesomysl sah ein, dass auch er seinen Schuldanteil an den Ereignissen hatte. Sogleich ließ er die Förderung von Gold und Silber einschränken und forderte das Volk auf, sich wieder mehr um die Bewirtschaftung des Landes zu kümmern.

Šemík hatte sich bei dem großen Sprung verletzt, er schmachtete und siechte. Als der Schimmel spürte, dass er bald sterben werde, bat er seinen Herrn, seinen Leib am Tor des Hofes zu begraben, damit sie sich auch nach dem Tode nahe sind. Und Horymír erfüllte seinen Wunsch. In Neumettel (Neumětely) steht bis heute ein großer Stein, die ehemalige Schwelle des Gehöftes von Horymír, unter der angeblich der Leib des treuen Šemík ruht.

Die versteinerten Hirtenmädchen

Als die ruhmreichen Zeiten des Vyschehrad vergangen waren, stürzten die Burgmauern und Paläste zusammen und wurden von Unkraut überwuchert. An den steinigen Hängen wurde das Vieh der unter dem Vyschehradfelsen ansässigen armen Häusler geweidet. Auch zwei Töchter einer armen Witwe kamen dorthin, um ihre Herde magerer Ziegen zu weiden. Die Mutter erinnerte sie jedes Mal daran, die Ziegen nicht dahin zu führen, wo sich der Felsen gefährlich über die Moldau neigt. Ein falscher Schritt eines Tieres hätte gereicht und der Lebensunterhalt wäre dahin, war doch die Ziegenmilch oft ihre einzige Nahrung. Einmal aber waren die Mädchen in ein Spiel vertieft und die unbewachten Tiere verliefen sich bis zum Rande des Felsens. Eine der Ziegen glitt auf den Steinen aus, die übrigen gingen durch und die ganze Herde fiel mit einem verstörten Gemecker in die Moldau, wo sie ertranken. Die Mutter, die schon nach den Mädchen

Ausschau gehalten hatte, sah, was geschehen war. Vor Verzweiflung über den Verlust des Lebensunterhalts schrie sie ihren Töchtern zu: „Mögt ihr euch für euren Ungehorsam in Steine verwandeln!“ Und die Kinder wurden tatsächlich zu Stein. Weder Tränen noch Wehklagen halfen, die Mädchen blieben für immer verwandelt in zwei kleine Felsen, die man bis heute die Versteinerten Hirtenmädchen nennt. Sie stehen dort bis heute.

Der Teufelsstein

Einen in drei Teile zerbrochenen Stein, der im Garten unweit der Kirche der Hl. Peter und Paul liegt, nennt man seit Menschengedenken Teufelsstein oder auch Teufelssäule.

Einst diente in der Kirche ein Priester, der sehr fromm war und alle seine Zeit der Sorge um die Pfarrei widmete. Als der Teufel von ihm erfahren hatte, beschloss er, seine Seele zu gewinnen, koste es, was es wolle - je mehr ein Mensch redlich und fromm ist, einen umso größeren Wert hat seine Seele für den Teufel. Einmal ging der Priester an der örtlichen Schenke vorbei, aus der ihm seine Pfarrkinder zuriefen, er solle sich doch für eine Weile zu ihnen setzen. Es kam ihm dumm vor, dies abzulehnen. Die Nachbarn spielten bei einem Krug Karten

und lockten den Priester zum Spiel. Als sich der Priester dem Spiel hingab, gewann er immer wieder und wieder, so zauberte der Teufel mit seinen Karten. Als man schon das Gasthaus schloss, ließen die Nachbarn nicht locker: der Priester musste am nächsten Tag wieder kommen, um ihnen Gelegenheit zur Revanche zu geben. Der Priester ließ sich überreden und kam. Doch der Teufel war auch dort - diesmal verlierte der Priester. Er verlor den ganzen Abend und es kam ihm selbstverständlich vor, dass er am morgigen Tag wiederkommen muss, um die Niederlage auszugleichen. Er kam einmal, zum zweiten Mal und er kam aus dem Verlieren nicht mehr heraus. Kurz und gut, er verfiel dem Kartenspiel so sehr, dass er an nichts anderes mehr denken konnte. Eines Abends, als ihm die Karte wieder nicht fallen wollte, rief er den Teufel selbst zu Hilfe. Und auf diesen Augenblick hatte der Höllenfürst nur gewartet. Er erschien dem Priester und bot an, ihm zu Dienste zu sein. Dies aber nur für drei Jahre, dann nehme er ihn in die Hölle mit. Der Priester war einverstanden.

Seitdem bekam der Priester so unglaublich glückliche Karten, dass seinen Mitspielern das Herz stehen blieb. Dies steigerte seine Leidenschaft erst recht und kaum hatte er die Messe nachlässig abgehalten und das Ornat abgelegt, da lief er schon zum Kartenspiel mit den Nachbarn. Mit der Zeit verödete die Pfarrei. Die Kirche war voller Staub und Spinnweben und zur Messe kamen immer weniger Leute.

Ein Jahr ging ins Land, dann das zweite, bis das dritte begann. Umso mehr die ihm bemessene Zeit dem Ende zuneigte, desto öfter dachte der Priester an das sich nähernde Ende. Am Vorabend des Tages, an dem genau drei Jahre nach dem Treffen mit dem Teufel vergangen waren, blieb er nach der Messe in der Kirche, fiel weinend vor den Altar und bat den heiligen Peter flehentlich, ihm in der Not zu helfen. Und der heilige Peter erbarmte sich seiner. Er riet ihm, den Teufel herbeizurufen und ihn um eine Granitsäule aus dem St-Peters-Dom in Rom zu bitten. Wenn der Teufel sie herbringe, bevor der Priester auf dem Vyschehrad die Frühmesse abgehalten hat, verfalle des Sünders Seele der Hölle. Wenn sich der Teufel aber verspäte, würde der Priester vor der Hölle gerettet.

Der Priester gehorchte. Als ihm der Teufel erschien, trug er ihm mit zitternder Stimme seinen letzten Wunsch vor. Der Teufel willigte mit einem höhnenden Gelächter ein und schon war er weg. Er flog durch das nächtliche Dunkel wie ein Blitz und als es Mitternacht

geschlagen hatte, war er in Rom. Seine Aufgabe erleichterte er sich ein wenig, indem er eine Säule gleich aus der ersten römischen Kirche packte, die er sah. Es war die Kirche Santa Maria i Trastevere, in deren Säulenreihe bis heute eine Säule fehlt. Er warf sie sich auf den Rücken und erhob sich in die Höhe. Der heilige Peter aber ließ ihn nicht aus den Augen, und als der Teufel mit der Säule Venedig überflog, schoss er aus den Wolken hernieder und schlug dem Teufel die Säule von den Schultern. Die Säule fiel ins Wasser und sank hinunter auf den Grund. Der Teufel brauchte nicht lange, da fischte er die Säule unter Ächzen und Gefluche wieder heraus, doch kaum war wieder aufgetaucht, drückte ihn der Peter wieder ins Wasser. Dies geschah drei Mal hintereinander. Inzwischen war über Venedig die Sonne aufgegangen. Der Teufel hatte sich mit dieser Mühe so lange aufgehalten, dass er den Vyschehrad erst dann erreichte, als die Frühmesse in der Kirche schon beendet war.

Da begriff der Teufel, dass er verloren hatte. Wütend warf er die Säule auf die Erde, so dass die Säule in drei Stücke zersprang. Dann stürzte er in einer Wolke übelriechenden Rauchs geradewegs in die Hölle herab. Und der befreite Priester? Er besserte sich, rührte die Karten nicht mehr an und wenn er an einem Gasthaus vorbeiging, schaute er lieber woandershin.

Alena Ježková
77 Prager Legenden

Illustration, Umschlagentwurf und grafische Gestaltung: Renáta Fučíková.
Übersetzung des tschechischen Originaltextes: Markus Pape,
Association of Translators and Interpreters - www.inter.cz
Überarbeitung der Übersetzung ins Deutsche: Renata Hollge.
Überarbeitung des tschechischen Originals: PhDr. Anna Novotná.
Satz: Vladimír Vyskočil.
Druck: EKON, družstvo, Jihlava.
Verlag: Práh, P.O. Box 46, 158 00 Praha 5, www.prah.cz, im Jahre 2006
als 230 Publikation.
Erste Ausgabe